95416

MW01277565

Severo
958 110 2912
martha
958 ~~000~~104 5116
Safia   958 103 9536

1

Fernando A. Vélez E.

¿PORQUÈ NO ME ALCANZA EL DINERO?

Los pasos que se deben dar para tomar el control del dinero ganado y que este nunca le falte.

DEDICATORIA

Queridos hijos este libro lo hice para poder dejarles una enseñanza que a mi me tomo muchos años para aprender, pero que ha sido muy valiosa en el camino de construir una situación financiera estable para todos nosotros.

Por el hecho de no conocer cómo manejar el dinero, viví hasta los cuarenta años aproximadamente con muchas limitaciones, tuve muchas dificultades económicas y perdí varias oportunidades para llevar una vida más cómoda y placentera.
 Deseo que ustedes puedan vivir una vida sin tantas dificultades económicas y con un conocimiento adecuado de cómo manejar el dinero, esto les permitirá vivir de una manera más placentera y poder dedicarse a lo que más les gusta. También quisiera que se convirtieran en personas que enseñan a otras personas como manejar el dinero para vivir bien.

El libro solo cubre uno de los aspectos que tenemos que llevar bien en la vida si queremos vivir con éxito y no solamente sobrevivir con muchas frustraciones y limitaciones, como lo hace un porcentaje importante de la población en el mundo. Me refiero al aspecto económico, aunque se que no es el único aspecto que se necesita en la vida de un hombre o mujer de éxito, se que una carencia de dinero afecta mucho a las personas en los otros aspectos de su vida.

Los otros aspectos que son necesarios para llevar una vida de éxito también son importantes y les recomiendo que lean libros o consigan un mentor para aprender como deben ser llevados con éxito.

Para lograr una vida plena de éxito deben lograr un balance positivo entre los siguientes aspectos que van a encontrarse a todo lo largo de su vida: La familia, la salud, la espiritualidad, la economía, la seguridad, el trabajo y la amistad.

Siguiendo desde los primeros años con disciplina y paciencia los pasos que explico en el libro, ustedes verán cómo día a día su situación económica y personal mejorara.

Si ustedes deciden que no quieren seguir este camino, le pido a Dios que los ayude a lograr el objetivo que se propongan, pero creo que ayuda mucho el saber algunos trucos para vivir ya que al conocerlos se tiene el beneficio de llegar más rápido al objetivo y de evitar algunas de las muchas dificultades que se van a presentar.

Estos consejos se los doy por que los amo y quiero dejarles lo mejor que tengo para que salgan adelante y esto es el conocimiento adquirido a lo largo de los años.

Las recomendaciones que doy no son mías, son recopilaciones tomadas de diversos libros que han sido escritos desde el comienzo de la humanidad, o sea que hay en ella siglos de vida y sabiduría humana.

También les digo que aunque se que estas recomendaciones los ayudaran, siempre manténganse aprendiendo y evaluando en que forma pueden hacer las cosas mejor y siempre pensando en ayudarse ustedes mismos y a los demás.

¿POR QUÈ NO ME ALCANZA EL DINERO?

INDICE

INTRODUCCIÓN

Cuando observamos como viven la mayoría de las personas en el mundo desde el punto de vista económico, vemos que una buena parte no tienen suficiente dinero para llevar una vida digna, observamos personas que el sueldo o el ingreso no les llega a fin de mes, no cubren totalmente sus necesidades básicas y no les queda dinero para divertirse un poco, mucho menos pueden planear unas vacaciones o comprarse un carro nuevo, otros están tan endeudados que no tienen tiempo de ver el dinero en su cuenta mas que un par de horas , mientras preparan los cheques para pagar a sus acreedores. Para estas personas es una verdadera angustia la fecha de cobro, porque ya para ellos no es más la fecha de cobro sino la fecha de pago, (de pago a sus acreedores).
 Por el otro lado hay un pequeño grupo que siempre tiene suficiente dinero para vivir con calidad de vida y disfrutando las mejores cosas que existen y esto lo hacen durante toda su vida. Siempre tienen dinero para invertir, para sus vacaciones, para divertirse, para sus imprevistos, etc. ¿Cómo pueden hacerlo? ¿Qué saben ellos que nosotros no?

Por que existe esta diferencia, ¿será que unos son más afortunados o más inteligentes que otros? Déjenme decirles que no, estas personas no son más afortunadas ni más inteligentes, que usted ni nadie, estas son personas que saben utilizar los principios de conservación del dinero y actúan a lo largo de su vida con disciplina en este aspecto. Estos principios para el manejo del dinero ellos los saben, ya sea por que alguien se los enseño en la escuela de la vida o en la escuela formal y otros porque los aprendieron de forma autodidacta, observando a los que ya han logrado alcanzar grandes objetivos financieros, pero, independientemente de cómo los aprendieron el factor principal fue que ellos los usaron constantemente en su vida y como consecuencia han logrado vivir una mejor vida.
La mayoría de las personas en el mundo actual quieren tener dinero, no por el dinero en si sino por las cosas que pueden tener

con el dinero. Quieren tener aquellas cosas que los hacen parecer exitosos ante ellos mismos y ante los demás. El problema que se presenta es que muchos de ellos para tener esas cosas se gastan el dinero que ganan y a veces mucho mas de lo que ganan, pero no crean una base financiera para sus años futuros y sin darse cuenta se están saboteando ellos mismos la oportunidad verdadera de tener mas dinero en su vida futura y poder vivir por el resto de sus días con una mejor calidad de vida.

Como se sabotean: La mayor parte de las personas no saben como evaluar su situación financiera personal o creen que no deben hacerlo y se dedican a gastar todo el dinero que les ingresa y a veces mas de lo que ingresa y no se van preparando poco a poco económicamente para afrontar el futuro o para mantener y mejorar su nivel de vida actual. La gente quiere parecer adinerada en vez de realmente ser adinerada.

Para parecer adinerados todo dinero que entra en el hogar es gastado en cosas que les permitan vivir en un nivel de vida que no pocas veces no pueden pagar y entonces normalmente se endeudan y comprometen su futuro. En algunos casos logran tener las cosas que querían, pero no les queda dinero en efectivo, y si surge algún imprevisto no están preparados para cubrirlo, y tienen que pasar angustias, pero lo más triste es que no se están preparando desde hoy para poder mantener el mismo nivel de vida actual para cuando lleguen a sus años dorados. Estas personas normalmente dicen "a mi nadie me quita lo bailao", refiriéndose a que ellos disfrutaron mucho cuando gastaron ese dinero. No sería más agradable que: "lo bailao" durara para toda la vida, que siempre hubiera dinero para hacerlo. La forma de que "lo bailao" dure para siempre es seguir los principios que se exponen en este libro.

¿Por que la gente que quiere tener dinero no hace lo posible por tenerlo para toda su vida?
 La primera razón que he encontrado es que estamos muy acostumbrados a la inmediatez, queremos solamente disfrutar el

hoy, no nos hacemos conscientes de que existe un mañana y que en la vida a veces hay circunstancias desfavorables, y que si no nos preparamos económicamente ahorrando e invirtiendo, estas circunstancias pueden ser muy traumáticas. Dicho en otras palabras nos olvidamos que en la vida existen épocas de vacas gordas y épocas de vacas flacas.

Otra de las razones por las cuales muchas personas no llegan a tener suficiente dinero durante toda su vida es que no saben como controlar su dinero ni sus finanzas personales y por lo tanto no saben que no tienen suficiente dinero para llevar el nivel de vida que llevan, no saben como tener un control adecuado sobre su situación financiera y no saben como planear su futuro financiero para evitar las circunstancias adversas que se pudieran presentar.

Al pasar los años estas personas se dan cuenta que viven con muchas limitaciones o que su nivel de vida disminuye con el paso de los años. Viven como adinerados cuando están en su edad más productiva para vivir con limitaciones cuando sus hijos están creciendo o cuando llegan a sus años dorados y ya no tienen la misma energía para trabajar.

En este libro van a encontrar las herramientas que los van a ayudar a manejar el dinero en forma adecuada, como lo hacen las personas que siempre tienen dinero.

Estas herramientas le van a decir como es su situación financiera actual con detalle y le van a permitir tomar control de su dinero, pero la decisión de usarlas o no usarlas es suya, dar los pasos o no darlos es su responsabilidad. Lo que si le puedo decir es que muchas personas que han utilizado estas herramientas incluyéndome hemos logrado tener una mejor situación financiera comparada con la que teníamos antes de usarlas.

En este libro hay un camino hacia la libertad financiera o en el peor de los casos un camino para que usted tenga en el futuro una mejor situación financiera y pueda vivir con un mejor nivel de vida. Personalmente le puedo decir que desde que estoy transitando este camino mi situación financiera ha mejorado y por alguna razón otros aspectos de mi vida también lo han hecho. Estoy seguro de que después que lea este libro usted lo hará aun mejor.

También se presentan otros aspectos importantes para el manejo adecuado del dinero, en el círculo del dinero que va a encontrar más adelante en el libro.

Si sigue haciendo lo que ha estado haciendo durante toda su vida en el aspecto financiero va a obtener los mismos resultados, tome esta oportunidad, lea el libro, aprenda a usar las herramientas y siga un plan para que el dinero no le falte nunca más.

El libro comienza preguntando: ¿Quién debería leer el libro? Y da varias respuestas en las cuales usted puede o no sentirse identificado. Después nos enseña el concepto de libertad financiera, que para el que quiera tener dinero consiste en la situación ideal. En el capitulo dos se habla de la importancia de tener dinero y en el capitulo tres se explica la forma de tener mas dinero.

El capitulo cuatro es el más importante del libro ya que en el se enseñan los pasos a seguir para tomar el control del dinero y que este nunca nos falte. Estos pasos son muy sencillos de aprender y de seguir solo se requiere su compromiso para seguirlos y conocer las operaciones básicas de matemáticas.

En el capitulo cinco se habla de la importancia del ahorro, como un primer paso para iniciarse en el camino de la inversión, en el capitulo seis se habla de otros aspectos que hay que tener en cuenta con respecto al dinero.

En el capitulo siete se le plantea que el camino a seguir no es un camino sencillo, que el fracaso puede estar presente, pero recuerde que fracasa no el que se cae, sino el que no se levanta.

¿Por qué no me alcanza el dinero?

Los pasos que se deben dar para tomar el control del dinero ganado y que este nunca le falte.

FERNANDO ALBERTO VELEZ ESPARRAGOZA

CAPITULO UNO

¿Quién debe leer este libro?

Aquellas personas que quieren en el futuro inmediato, mejorar su nivel de vida

Aquellas personas que quieren mantener el nivel de vida alcanzado actualmente.

Aquellas personas que quieren tener dinero ahorrado, (al menos el equivalente a un año de sueldo).

Aquellas personas que no saben como organizar sus finanzas personales.

Aquellas personas que quieran darles una educación financiera a sus hijos.

Aquellas personas que quieren alcanzar la libertad financiera.

Aquellas personas que nunca les alcanza el dinero.

Aquellas personas que quieren tener un negocio propio o quieran invertir.

Aquellas personas que quieren vivir una vejez digna.

Aquellas personas que quieran dejar una buena herencia a sus hijos.

Aquellas personas que quieren disfrutar su tiempo libre.

Aquellas personas que no quieran depender de un empleo para sentirse seguros.

Si usted se encuentra identificado con alguno o varios de los casos mencionados arriba, o tiene algún familiar o amigo que esta en alguna de esas situaciones no dude en darle este libro. Este va a ser su primer paso a un mejor futuro financiero.

Este libro esta escrito en una forma que pueda ser entendido y aprovechado por cualquier persona independientemente de su nivel educativo.

El libro trae una serie de herramientas que lo ayudaran a tener un control adecuado de sus finanzas. Le da algunas recomendaciones que hay que seguir para alcanzar el objetivo de un mejor nivel de vida y se dan ejemplos para que usted aprenda a usar estas herramientas y obtenga el mayor provecho del dinero que ingresa en su hogar.

¿Qué es la libertad financiera?

La libertad financiera consiste en que usted tiene dinero en cantidad suficiente y que este dinero trabaja por usted, generando intereses o dividendos con los cuales usted puede vivir con un nivel de vida que le satisface.
 En otras palabras, es tener dinero que trabaja para usted.

¿Cómo trabaja este dinero?
La respuesta es: Generando intereses o dividendos en una cantidad suficiente para cubrir sus gastos y hacer crecer su capital con los años.

Las personas que logran la libertad financiera pueden trabajar en lo que mas les gusta y lo mas importante es que pueden decidir que hacer con su tiempo.
Cualquier persona puede lograr la Libertad financiera todo lo que tiene que hacer es tener este objetivo y trabajar hacia el, los pasos que se enseñan en este libro lo pondrán en el camino, usted tiene que poner el esfuerzo.

Cuando usted tiene libertad financiera su dinero trabaja por usted y usted:

Sabe de donde sacara el dinero para sus gastos mensuales.
Tiene claro cómo pagara las deudas.
Sabe cómo pagara los estudios de sus hijos.
Sabe como va a vivir cuando llegue a la vejez.

Tiene reservas suficientes para mandar a reparar su carro.
Planea con anticipación las vacaciones porque tiene con que pagarlas
Tiene fondos para cubrir gastos imprevistos si se presentan.
Trabaja en lo que mas le gusta.
Planea las vacaciones a donde mas le gusta y puede disfrutarlas.
Le da a su familia y a usted el nivel de vida que se merecen.

Cuando usted no tiene libertad financiera usted:

Esta preocupado de como va a pagar la cuota de su hipoteca.
Le preocupa la educación de sus hijos.
Desconoce como se va a mantener cuando llegue su vejez.
Estar pendiente de cuando llega el cheque de la quincena porque ya se acabo el dinero.
No puede planear las próximas vacaciones porque no sobra dinero.
Esta preocupado de como pagar las deudas
No sabe cómo va a vivir si se queda sin trabajo.

La libertad financiera se puede lograr teniendo mucho o poco dinero lo importante es que sea el dinero el que trabaja por usted y no usted el que trabaja por dinero, por ejemplo si usted vive con un determinado nivel de vida y supongamos que para mantenerlo necesita el equivalente a 1000 dólares por mes, usted tendrá libertad financiera si logra que los intereses que le genera su dinero o el ingreso mensual que pueda obtener de sus activos le generen estos 1000 dólares.

¿Le gustaría a usted lograr la libertad financiera?
 Me imagino que dijo que si, yo también lo dije, cuando supe en lo que consistía tenerla.

Para lograr la libertad financiera hay que saber manejar el dinero

Alguna vez ha pensado que le gustaría vivir mejor, tener mas dinero para realizar aquellas cosas que mas le gusta o que siempre ha soñado, quiere poder dedicar tiempo a su familia y poder satisfacerle sus caprichos. Quiere poder viajar por el mundo sin que esto signifique una deuda eterna, Quiere vivir una vejez tranquila desde el punto de vista económico sin limitaciones dedicándose a viajar y a cuidar los nietos, quiere prepararse para darle la mejor educación y diversión a sus hijos o a usted mismo.

Usted y todas las personas que lo desean pueden hacerlo, pueden mejorar su nivel de vida si están dispuestos a seguir los pasos que se dan en este libro. Los pasos que se recomiendan, han sido utilizados por muchas personas en el mundo que han logrado alcanzar la libertad financiera.

La razón por la que escribí este libro es porque quiero compartir con otras personas unas herramientas que me han ayudado a vivir en una mejor situación económica y quiero ayudarlas para que aprendan a hacerlo y puedan de esta manera tener un mejor nivel de vida. Aunque se que el dinero no lo es todo, también se que sin el dinero la vida se puede disfrutar menos, en este mundo actual cada día que usted vive necesita dinero para hacer cualquier cosa aun sin salir de su casa. ¡Verdad que si ¡

Desde que fui adolescente siempre me preguntaba como hace la gente que tiene dinero y siempre están viajando, compran carros último modelo, mandan a sus hijos a estudiar al exterior, siempre compran lo que quieren y parece que nunca se les acaba el dinero. Quería saber cual era el secreto para vivir una vida mejor y la respuesta en parte la conseguí en el uso de las herramientas y consejos que se darán mas adelante en este libro.

Nuestra familia era como muchas familias de clase media, vivíamos con algunas limitaciones, cuando quería algo no siempre había el dinero para comprarlo, carro ultimo modelo era algo muy difícil y estudios en el exterior bueno prácticamente imposible. Pero lo que mas me preocupo fue observar como a medida que pasaban los años y mis padres se acercaban a la vejez sus ingresos y en consecuencia su nivel de vida iba disminuyendo. Ya no tenían para mantener sus gastos mas básicos, mucho menos para lujos, prácticamente dependían de sus hijos para vivir. Entonces me pregunte porque ocurre esto si mis padres han sido excelentes trabajadores durante toda su vida, aun trabajan y no son flojos, porque ellos no pudieron mantener el nivel de vida de cuando eran jóvenes?

Entonces me trace como objetivo que mi vida debía ser mejor, que no debería tener tantas limitaciones y que me iba a preparar para mejorar en todos los sentidos, entonces me puse como objetivos, graduarme en la universidad, ser un profesional exitoso, tener una buena familia y darles lo mejor, disfrutar de la vida en una forma sana , viajar a diversos países , etc. Esto lo hice porque fue una de las enseñanzas que me dieron para poder mejorar en la vida , lo cual es cierto ya que si uno se prepara estudia y trata de ser un buen profesional va a vivir una mejor vida, pero esto no quiere decir que para vivir con un mejor nivel de vida hay que necesariamente ir a la universidad, de hecho muchas personas en el mundo que no han ido a la universidad han logrado la libertad financiera y todo lo que han hecho es utilizar las herramientas y sugerencias que se dan en este libro.

A lo largo de mi vida logre todo lo que me propuse cuando joven , termine mi carrera, conseguí buenas posiciones en las empresas, forme mi familia y les di algunas cosas buenas durante un buen tiempo, pero sucedió que a pesar de haber tenido buenos salarios no fui capaz de lograr una posición financiera estable a lo largo de 15 años de carrera, lo cual es muy común entre la mayor parte de los profesionales , y cuando hubo una situación económica difícil en mi país entre en una crisis económica que amenazo con dejarme en la calle con mi familia. En este momento recordé algunas frases que dice la gente como: " los ricos ya están completos" , " dinero llama dinero" etc. Y pensé que nunca iba a tener dinero o que mi vejez seria con muchas limitaciones, que iba a tener que vivir como mis padres dependiendo de mis hijos o de una pensión del gobierno. Creí entonces que esto ocurría porque no había nacido en una familia con dinero.

Me puse a observar a otras personas que tampoco provenían de familias con dinero y me di cuenta de que a pesar de eso habían logrado amasar grandes fortunas, entonces comprendí que si uno quiere tener dinero no importa el origen que uno tenga, ni tiene nada que ver con si estudias o no estudias, ni mucho menos con si ganas mucho o poco. Me di cuenta que yo mismo me había saboteado mi futuro económico, **me di cuenta que para tener dinero primero que nada hay que saber como se debe manejar el dinero,** se deben hacer sacrificios, ahorrar e invertir. Es decir tomar control sobre el dinero que uno se gana.

La situación económica en la que me encontraba, se debía a que nunca nadie me explico como era que se debía manejar el dinero o porque me lo explicaron y yo no seguí el consejo. Lo cierto es que en algún momento tome la decisión de que yo no podía seguir en esa situación de limitaciones, tenía que hacer algo que me permitiera darle un mejor nivel de vida a mi familia y que me permitiera prepararme para tener yo mismo una vejez digna sin tener que recurrir a la beneficencia, ni a mis hijos, ni a mis familiares.

Empecé a buscar las causas de encontrarme en esta situación económica difícil. Me di cuenta de que yo no era el único que pasaba por estas situaciones , a muchísima gente le ocurre algo similar, la mayoría de la gente después de muchos años de trabajo, cuando llegan a su edad madura o dorada, se encuentran con que

¿Porquè no me alcanza el dinero? | 21

no tienen como mantener el nivel de vida que tenían en sus años mas jóvenes. Muchas personas llegan a su vejez y no tienen como mantenerse, su nivel de vida se ve severamente reducido y no en pocos casos estas personas tienen que depender de sus hijos o la beneficencia para sobrevivir.

Cuando empecé a buscar las causas , me tropecé con algunos libros de esos que te despiertan a una nueva realidad, uno de ellos fue el de " Padre Rico Padre Pobre" de Robert Kiyosaki, leyéndolo y analizándolo me di cuenta que yo había hecho mi mayor esfuerzo para tener una situación financiera difícil, todo lo que hacia era comprar y hacer cosas que me hicieran parecer que era adinerado, es mas me creía que yo era tan exitoso que me lo merecía todo y que si en algún momento me endeudaba para comprar un carro iba a poder cumplir con ese compromiso fácilmente ; entonces me dedique a tomar deudas sin saber cuánto me costaba hacer eso , hacerlo era fácil yo tenia crédito , tenia buenos ingresos o sea no había razón para no hacerlo. ¿Qué me paso?

Me quede sin trabajo, algo que yo creía nunca iba a pasar, entonces, empezó la tortura. De repente no sabia como iba a pagar las deudas, cómo alimentar a mi familia, se acabaron los privilegios, me cancelaron las tarjetas, salí en la lista negra de los bancos, o sea después de haber logrado un relativo éxito profesional, estaba quebrado. Pensaba que era un total fracaso y que ya no me iba a recuperar. En ese momento me hice la pregunta. ¿Por qué nos pasa esto?

Me puse a investigar y el factor común que encontré en las personas que estábamos en esta situación era que no sabíamos nada de cómo tener el control del dinero, no importaba cuánto dinero ganáramos había gente que ganaba mucho y otros menos, pero todos estábamos en una situación financiera difícil, casi siempre sin ahorros y dependiendo mas que nunca de un empleo o de conseguir un aumento de ingresos.

21

En nuestra mente estaba presente que lo verdaderamente importante era ganar más dinero y que para vivir mejor lo único que había que hacer era ganar más dinero.

No nos preocupábamos por tener el control de nuestras finanzas personales, ni siquiera teníamos idea que era necesario conocer como se manejan las finanzas personales, de hecho como hay muchas personas que no tienen ninguna educación y tienen mucho dinero , llegamos a pensar que si ellos no usan ninguna herramienta financiera para que la teníamos que usar nosotros. Una de las cosas que me di cuenta es que las personas sin educación que tienen mucho dinero en realidad si siguen los principios financieros que se explican en este libro y los mismos los han aprendido en la escuela de la vida , que también funciona. Lo que quiero decirles es que cualquiera que siga los pasos que se explican en este libro va a tener una mejor situación económica que la que tiene actualmente.

Nosotros no usábamos ninguna herramienta para tomar el control de las finanzas nos endeudábamos a ciegas sin analizar si íbamos a poder pagar esa deuda o no , nunca evaluábamos si estábamos comprometiendo el futuro y peor aun no teníamos ningún plan para el futuro , en consecuencia a medida que pasaba el tiempo nuestra situación económica empeoro llevándonos a la ruina.
En el momento que empecé a utilizar las herramientas financieras que se explicaran mas adelante, mi vida financiera cambio y con ella mi vida personal y familiar, a pesar de que tenia ingresos muy inferiores a los que había tenido antes, ahora tenia dinero ahorrado para el futuro y para invertir. ¿Cómo lo logré?
 La forma fue utilizando las herramientas que expongo en este libro, por medio de estas herramientas empecé a tomar el control de mis finanzas y a decidir que futuro financiero quería, elimine la gratificación instantánea de mi vida, hice suficientes sacrificios junto con mi esposa e hijos con el fin de mejorar, me trace un gran sueño y entre en acción. Me di cuenta que a menos que yo hiciera lo que tenia que hacer, nadie mas lo iba a hacer por mí. Si yo no

mejoraba mis finanzas nadie iba a pagar las cuentas por mi, nadie se iba a ocupar de la educación de mis hijos y nadie me iba a mantener en mi vejez, por lo tanto me arme de paciencia, hice un plan, empecé a desarrollarlo y comenzó a mejorar mi vida.

Les recomiendo a todos aquellos que quieran mejorar sus finanzas, que quieran salir de la angustia de esperar a la quincena para ver como se evapora en pocos días, que tomen este libro como un punto inicial hacia el logro de sus objetivos financieros, sigan las recomendaciones que se les dan y estoy seguro que tendrán un control sobre sus finanzas y vivirán una mejor vida y si hacen el esfuerzo adecuado pueden alcanzar la libertad financiera. Le deseo éxito en el camino que va a seguir.

CAPITULO DOS

¿Por qué tener dinero?

Hoy en día es importante tener dinero porque prácticamente todo lo que se necesita para llevar una vida normal en las ciudades requiere dinero. ¿En que cantidad? , eso depende de cómo quiera vivir usted su vida, puede querer una vida de limitaciones, una vida de seguridad, una vida confortable, o una vida como millonario.

Todos los días se necesita dinero para comprar algo, por lo tanto es importante que siempre se genere y se conserve dinero para cubrir estos gastos.

Algo muy importante que hay que saber con respecto a como tener mas dinero es que no importa cuanto se gane, la clave esta en cuanto de lo que se gana se ahorra para luego invertirlo.

Muchas personas jamás llegan a tener una vida financieramente libre porque tienen el habito de gastar todo el dinero que les llega en cosas frugales tales como viajes, carros , diversión ,etc. ,antes de saber si tienen el dinero suficiente para mantener estos lujos de por vida. No piensan como va a ser su futuro, no evalúan qué cambios pueden ocurrir en el país donde viven. Quieren lucir como personas adineradas en vez de en realidad ser personas adineradas.

 A medida que pasan los años de estas personas, sus ingresos van disminuyendo y en consecuencia el nivel de vida que tienen va disminuyendo también. Son muchos los ejemplos de personas que en sus primeros años de trabajo lucían prósperos , viajaban mucho, compraban ropa a la moda, carros de agencia, regalos de lujo, diversión en restaurantes y sitios de moda , pero cuando llegan a sus años dorados y no tienen suficiente dinero para llevar una vida digna de repente llegan a un nivel de vida que en nada se parece al de sus primeros años : llevan una vida de carencias , amargados porque no pueden viajar , no pueden ni siquiera arreglar su carro , mucho menos comprarse uno nuevo, no en pocos casos sus hijos no pueden seguir estudiando una carrera con lo cual se les afecta su futuro.

Lo que estas personas no entendieron o no se dieron cuenta es que si en vez de gastar todo el dinero que les ingresó desde sus primeros años de trabajo, hubieran ahorrado un porcentaje y lo hubieran invertido , seguramente podrían mantener su nivel de vida aun después de retirarse o al llegar a su vejez.

El problema radica en que no se nos ha enseñado a manejar el dinero y en algunos casos porque no queremos aprender como hacerlo, manejamos el dinero con mentalidad de pobreza, todo lo que se gana es gastado en cosas que pierden valor y que no ayudan a crear capital. Cuando lo que se debe hacer es lo que hacen las personas que tienen dinero, que es ahorrar e invertir y cuando esas inversiones generan suficiente dinero entonces comprar las cosas que quieren tener y se dedican a vivir con un buen nivel de vida.

¿Qué se debe hacer para mejorar financieramente?

Para mejorar financieramente las personas deben entender que no se deben gastar todo el dinero ganado y mucho menos en cosas frugales, (cosas sin valor). Los gastos no necesarios no los deben hacer sino hasta que hayan ahorrado e invertido ese dinero y realizar los gastos con los intereses que les generen sus inversiones, si lo hacen de esta manera lograrán tener una vida con menos preocupaciones financieras.

Además de ahorrar e invertir hay que saber cómo controlar el dinero. Es importante conocer las herramientas que existen en el mundo para controlar como gastar su dinero, saber cuánto tiene, saber cuánto va a necesitar en el futuro y que le den señales de alarma cuando este haciendo algo indebido con su dinero.

Entonces el secreto no es solo controlar los gastos, se debe además posponer las gratificaciones (esto es posponer aquellos gastos que no son necesarios o que no podemos mantener con nuestros ingresos actuales) , ahorrar e invertir . Es muy necesario que usted conozca las herramientas financieras básicas que lo ayudaran a manejar correctamente sus finanzas y hacer crecer su capital.

Más adelante, en este libro , se le enseñaran las diferentes herramientas que lo ayudaran a tomar control de sus finanzas y lo pondrán en el camino de tener mas dinero para vivir una mejor vida.

La razón que tienen la mayoría de las personas para tener más dinero es para vivir una vida más digna, donde no haya tantas limitaciones y que las personas al no tener que estar pendientes de ganar dinero para vivir se puedan dedicar a mejorar sus relaciones familiares y personales, se puedan dedicar a vivir. Es impresionante ver como muchas personas día a día van y vienen a sus trabajos como autómatas, sin alegría en el rostro y siempre quejándose del trabajo que hacen y sin ninguna esperanza de mejorar en el futuro. No permita que esto le pase a usted tome el control de sus finanzas y de su vida.

La gente normalmente no quiere tener más dinero por el dinero en si, sino por los beneficios que el dinero les puede dar.

CAPITULO TRES

¿COMO TENER MÁS DINERO?

Para tener mas dinero lo primero que le viene a la mente a las personas es " tengo que ganar mas dinero", lo cual es muy lógico, pero resulta que a pesar de que uno quiere ganar mas dinero no siempre es fácil conseguir nuevas fuentes para ganar mas dinero. Un trabajo extra puede ayudar, pero hay que recordar que el día tiene solo 24 horas y que hay que descansar y atender a la familia.

Algunas personas piensan en la lotería y juegos de azar, pero déjenme decirles que de esta forma, las probabilidades de llegar a tener dinero son todavía mas remotas. Pregúntenle a un familiar suyo que este en los años dorados, cuantas veces en su vida se gano un premio considerable en la lotería y si esto le permitió vivir económicamente estable por el resto de su vida, de esta forma se darán cuenta de lo que puede pasar si dependen de la lotería para tener dinero.

Una mejor forma para tener mas dinero y además de fácil ejecución si se tiene un objetivo claro de lo que se quiere lograr, es reducir los gastos y comenzar a ahorrar así sea en pequeñas cantidades. La mayoría de las personas tiene gastos que no controla, estos gastos son pequeños y por esa razón las personas piensan que no les afectan, pero si sumaran todos esos gastos pequeños que hacen día a día se darán cuenta que al final de mes les ha consumido una parte importante de sus ingresos.

Otro grupo de personas tienen deudas, principalmente en tarjetas de crédito y todos los meses incrementan esa deuda usando las tarjetas para nuevos gastos, sin darse cuenta que el pago por tarjetas va a ser cada vez mayor y le consumirá mas dinero. Las deudas que se toman para cubrir gasto común aunque solucionan un problema actual, están probablemente generando un problema futuro.

Esta el caso de los compradores compulsivos aquellos que cuando tienen algo de dinero parece que les causara enfermedad salen corriendo a gastarlo todo.
También los que compran porque están deprimidos porque no les alcanza el dinero o tiene algún problema gastan el dinero que tienen en cosas que no les sirven.

Entonces para tener más dinero hay que seguir uno o varios de los siguientes pasos:

- Generar más ingresos, lo cual puede hacerse buscando un nuevo empleo mejor remunerado o creando un negocio que le genere dinero extra.
- Controlar y reducir los gastos actuales.
- Ahorrar e invertir en moneda sólida
- Controlar el flujo del dinero en su hogar , para ello debe conocer primero las herramientas que existen para este fin ,las cuales se explicaran más adelante en este libro, debe reducir sus gastos , para que estos no sean mayores a sus ingresos, debe evitar la gratificación instantánea , empezar a ahorrar y trazarse un plan para llegar financieramente a donde usted quiere estar.

Para reducir y controlar los gastos actuales , es necesario que las personas aprendan a manejar una serie de principios financieros básicos y que los usen para monitorear su situación financiera. Esto unido a un plan financiero , ayudara a que usted tenga mas dinero.

Recuerde el ganar mas dinero por si solo , no resuelve el problema , es importante llevar un adecuado control del mismo, no importa cuanto gane usted , puede ser mucho o poco , pero si no sabe controlar el dinero usted no va a estar en el camino a la libertad financiera.
 Esta mejor financieramente una persona que gana 500.000 y solo gasta 400.000 que una persona que gana 1.000.000 y gasta

1.100.000. Si la persona que gana 500.000 hace un plan financiero y ahorra e invierte ese excedente , va a lograr con los años un mejor futuro.

¿Qué hacen las personas normalmente?

Veamos como es la historia de la mayoría de las personas con problemas financieros.

Carlos es un joven recién graduado de una carrera universitaria , fue un buen estudiante y las empresas de la ciudad lo saben por lo tanto le envían ofertas de trabajo. Para Carlos esto es una maravilla ya que no tiene que hacer esfuerzos por conseguir trabajo como a algunos compañeros suyos que no fueron tan buenos estudiantes y conseguirlo les cuesta un poco mas.

Qué ocurre cuando consiguen trabajo?

A partir de este momento es algo que les sucede a la mayor parte de los profesionales en nuestro mundo actual. La mayoría de estos nuevos profesionales empiezan a recibir por primera vez sus sueldos , ellos nunca habían tenido tanto dinero junto y por lo tanto vienen a la mente todas aquellas cosas que siempre quisieron lograr y hacer, por fin los sueños de juventud se harán realidad, todavía no han cobrado el primer sueldo y ya están planeando en que lo van a gastar; un carro nuevo, viajes a los lugares que siempre soñó , salidas con los compañeros y amigas a los sitios de moda en la ciudad, discotecas, restaurantes, la ropa en los centros comerciales de moda ,etc. Por fin pueden empezar a comprar todo lo que siempre han soñado, algunos (en realidad muy pocos),quizás los mas disciplinados empiezan a pensar en comprar una vivienda o en iniciar un plan de ahorro, (esto depende mucho de la educación que sus padres les han dado en cuanto al uso del dinero). Para colmo de males, (digo males porque quiero que vayan sabiendo las cosas que pueden ser dañinas para su economía cuando no se conoce como trabaja el dinero) Carlos recibe una tarjeta de crédito de su banco "ya que premiamos a los profesionales exitosos", y el nivel de gastos aumenta ya que con la tarjeta se puede hacer de todo sin tener dinero (hasta que llega al limite de crédito por supuesto). Esto que a todas luces parece ser el comienzo de una vida futura de mucho éxito se puede transformar en una vida llena de angustias y stress por no conocer la forma en que trabaja el dinero, entonces muchas veces las personas en vez de crear activos lo que hacen es llenarse de deudas. Algo que contribuye al problema es que actualmente en la sociedad se promueve el consumo, todos los días la gente es bombardeada con productos donde se expone la imagen de exitoso para quien los tiene, pero no se enseña en la misma proporción que las personas deben ahorrar e invertir.

El problema planteado en esta historia es como la mayoría de las personas viven como si no tuvieran que pagar nada el día de mañana, pareciera que todo lo que ingresa hay que gastarlo sin preguntarse si la fuente de los ingresos se puede agotar.

El problema aquí radica en que la gente compra cosas para mayormente demostrarles a los demás que tienen dinero ,que les va bien y que son exitosos. Son gente que quiere vivir **como adinerada** en vez de esperar un poco y de verdad **ser adinerados**.

No tengo suficiente dinero para mis necesidades básicas ¿Cómo voy a ahorrar?

Muchas personas dicen, si no tengo dinero para satisfacer mis necesidades básicas como voy a ahorrar o mucho menos invertir. Es muy cierto que tiene que satisfacer sus necesidades básicas, pero les parece que vivir solo para satisfacer las necesidades básicas suena divertido? Señores es muy triste tener que vivir solo para satisfacer las necesidades básicas, cambie su vida, decídase a hacer algo diferente, piense, sea creativo, utilice sus virtudes, desarrolle nuevas habilidades que lo pongan en un camino donde tenga mas ingresos y pueda ahorrar aunque sea una cantidad mínima.

Si se puede¡ Mucha gente lo ha logrado, tome la decisión de actuar . Solo usted puede hacerlo nadie mas lo va a hacer por usted y lo que es peor nadie va a venir a pagarle las cuentas, ni a darle de comer a sus hijos, esto es su responsabilidad.

Una historia real

Veamos la siguiente historia que es un ejemplo real de lo que puede hacer una persona que quiere tener dinero independientemente de sus orígenes.

Se trata de un joven que viajó a otro país a los 18 años, este joven solamente había estudiado la primaria, no tenia ningún oficio conocido y no conocía a nadie , además estaba indocumentado en ese país.

¿Que futuro cree que le espera a una persona en estas condiciones?

Cualquiera diría que lo menos que le podría pasar es que fuera un indigente , o que se transformaría en un ladrón. Déjenme decirles que hoy en día esta persona es un prospero comerciante con unos activos que valen al menos el equivalente a 200000 dólares y todavía no tiene 45 años. ¿Cómo es posible que una persona que tenga un comienzo tan duro lo haya logrado? ¿No podrá usted hacerlo mejor? ¿No debería una persona que tenga un mejor comienzo , lograr un desempeño mejor? Si él lo logró en esas condiciones , usted también puede hacerlo.

Veamos como lo logró , primero que nada , sabia a donde quería llegar, el decidió que no quería seguir viviendo con tantas limitaciones y visualizó adonde quería llegar y se decidió a trabajar por su objetivo. Pero como todo tiene un inicio , empezó a trabajar de ayudante en muy diversos oficios , trabajó duramente en estos oficios y poco a poco fue ahorrando, lo cual fue la clave para mejorar, pasaron varios años, le repito , varios años para lograr ahorrar un monto interesante ,les digo esto porque muchas veces ; nosotros queremos resultados inmediatos y esto no ocurre así , hay que tener suficiente paciencia hasta que se den los resultados . Posteriormente este joven en uno de esos trabajos que tuvo , se aprendió todo lo referente al mismo , se hizo un experto y cuando el dueño decidió que iba a vender el negocio , el se lo compró y siguió trabajando, ahorrando e invirtiendo. Este joven pudo comprar el negocio , porque fue capaz de ahorrar algo y lo pudo dar como parte de pago y el dueño al ver que había sido capaz de ahorrar durante tantos años , le dio el negocio financiándole una parte de la inversión. Al comienzo vivía con muchas limitaciones , las cuales soporto , pero gradualmente fue mejorando , cada año vivía con un mejor nivel de vida que el año anterior y todavía continua haciéndolo. Hoy en día tiene sus negocios que le dan para vivir una vida de abundancia y para darse los lujos que desea.

Esta persona es mi amigo desde hace 15 años y yo he observado , cómo lo ha logrado ,déjenme decirles algo , si él con ese inicio tan duro pudo hacerlo, usted que esta en una mejor situación que la de él también puede hacerlo , pero tiene que estar dispuesto a pagar el precio para alcanzar su objetivo.

¿Por qué nunca hay dinero suficiente?

Me imagino que saco la lista de las cosas que tendría si tuviera algo más de dinero

Una de las características de la sociedad actual , es que se necesita dinero para prácticamente cualquier actividad que uno quiera realizar en la vida , sin temor a exagerar , pienso que en cualquier ciudad moderna nadie puede vivir sin tener algo de dinero en su bolsillo. Bueno creo que me equivoque los que viven de la beneficencia publica y los que son parásitos de la sociedad pueden hacerlo, pero, ¿a usted le gustaría pertenecer a estos grupos?

Veamos que ocurre en la vida de Carlos en sus continuas salidas con sus amigos Carlos conoce a la chica de sus sueños se enamoran y deciden casarse esto es realmente una maravilla ahora tienen dos sueldos, dos tarjetas de crédito , la vida no podía ser mas maravillosa, por supuesto ahora que están casados necesitan comprar un apartamento , tienen dos carros y sus gastos siguen incrementado , pareciera que mientras haya dinero ese dinero hay que gastarlo , al poco tiempo tienen un bebe y ¿qué pasa? , correcto, los gastos aumentan , entonces ya hay necesidad de un incremento de los ingresos, debe solicitar un aumento de sueldo , como es un buen trabajador lo recibe, pero inexplicablemente con el aumento de los ingresos aumenta el nivel de gastos ya el apartamento es muy pequeño y ahora quieren vivir en una zona mas exclusiva, toman un crédito y los gastos siguen cubriendo la mayor parte del ingreso por lo cual cada día dependen mas de sus trabajos para poder mantener el nivel de vida que merecidamente se han ganado, el problema es que a medida que van adquiriendo sus cosas se van llenando de deudas y no evalúan o miden en que grado están comprometiendo sus ingresos y si están creando una posición financiera sólida para su futuro.

Un día en la vida de Carlos se despertó nuevamente para ir al trabajo , se vistió , desayuno y se despidió de su familia. Tenia 15 años de graduado cierta experiencia como un gerente de nivel medio en grandes empresas y desde el punto de vista de la gente común era una persona de exito, tenia casa propia , carro, una pequeña cuenta bancaria, cubría todos los gastos de su casa y hasta tenia para , eventualmente , irse de vacaciones. Cuando llego a su oficina no había mucho trabajo y se puso a pensar un poco , como había sido su vida y en este momento qué le podría ofrecer a sus hijos y qué podría hacer él una vez llegara la edad del retiro. Hizo un pequeño análisis de cuánto había logrado hasta este momento en el aspecto económico y se dio cuenta que si seguía de esta manera no iba a poder tener un retiro digno y mucho menos podría educar a sus hijos. Cuando sacó las cuentas se dió cuenta que con lo que había logrado ahorrar, iba a tener que seguir trabajando después de los 65 años y que probablemente la educación de sus hijos le podría colapsar su presupuesto familiar. También pensó ,

Carlos , que pasaría si en la empresa donde trabajo tienen que hacer una reducción de personal y yo tengo que salir de la empresa , tendré ahorrado suficiente para vivir con mi nivel de vida actual? por cuánto tiempo? qué pasaría si no consigo otro trabajo pronto?. De repente le entró un pánico , que terrible es darse cuenta después de 15 años de trabajo y a pesar de tener una casa , que no se ha ahorrado, ni invertido una cantidad suficiente de dinero , como para mantenerse con el mismo nivel de vida al que se acostumbro con su salario, si por alguna jugada del destino se queda sin su fuente de ingresos o si la misma disminuye.

Esta situación es muy frecuente en nuestra sociedad , muchas personas están viviendo en una situación financiera critica , después de muchos años de trabajo , se dan cuenta en una edad avanzada que no tienen suficiente dinero para seguir viviendo en el nivel de vida al que están acostumbrados, cuando piensan que deben empezar a tener una vida mas tranquila , se dan cuenta que están viviendo con un mayor estrés para poder mantener su nivel de vida y en la mayoría de los casos observan , cómo su nivel de vida va disminuyendo, esto le puede pasar a cualquier persona: empresarios , hombres y mujeres jóvenes o adultos , profesionales o no profesionales. Por qué pasa esto? Porque al no evaluar con las herramientas adecuadas las finanzas personales no nos enteramos si lo que estamos haciendo con nuestro dinero , lo estamos haciendo bien o mal.

 Cuando se usan las herramientas de control financiero , las personas reciben señales de alerta que les indican qué hacer para no entrar en problemas económicos.

Las personas que viven de esta forma , sin controlar sus finanzas , no solo se están creando problemas para ellos , también están enseñando a sus hijos a vivir en la misma forma que ellos , preparándolos para vivir con incertidumbre en cuanto a lo que pueden lograr en la vida , condenándolos a vivir en una constante angustia por tener cosas que lucir a los demás y sin prepararlos para vivir una vida financieramente sana.

Las personas que llegan a esta situación lo hacen en la mayoría de los casos , porque no tienen conocimiento de cómo se maneja el dinero , no conocen conceptos básicos financieros y además creen que ellos no deben saber nada de eso. El solo hecho de escuchar la palabra financiero , les hace pensar que eso es para banqueros que son los que manejan el dinero. Nada mas lejano de la realidad , los conceptos básicos financieros deben ser conocidos por todas las personas que en algún momento tengan que manejar y controlar el dinero, ya sea en sus hogares, empresas y vida personal . El aprender conceptos financieros básicos le ayudara a tener un control adecuado del dinero y puede contribuir a que usted tenga una vida financiera sana , le permitirá ir determinando si su situación económica esta mejorando o empeorando en el tiempo y le puede ayudar a tomar decisiones mas acertadas cuando de dinero se trate.

Si usted es un profesional recién graduado , el aprender los conceptos básicos financieros y utilizarlos le ayudara a construir una vida financiera muy saludable, y si las cosas le van bien , usted puede convertirse en una persona con mucho dinero. Nunca he oído de nadie que quiebre por ahorrar. La mayoría de los jóvenes no ve la importancia de esto y lo dejan para más tarde, repitiendo el error de la mayoría de los adultos. Si quiere tener una vida financiera mejor a la de sus padres preocúpese por aprender y utilizar las herramientas financieras desde temprano.

No se si usted en este momento esta en una situación similar , mejor o peor a la de Carlos , lo que quiero hacerles ver es que en algún momento de nuestras vidas tenemos que hacer un alto para analizar como ha sido nuestra vida hasta ese momento en todos los aspectos de la misma. En el caso de Carlos , él se dedicó a vivir en un buen nivel de vida, acorde a sus ingresos , lo cual no se debe criticar , de hecho si observamos el tiene carro, casa y mucha otras pertenencias que lo hacen parecer exitoso, entonces, ¿dónde esta el problema? El problema esta en que Carlos no tiene suficiente dinero ahorrado , qué pasa si surge un imprevisto o si se queda sin trabajo. ¿Cuánto tiempo manteniendo su nivel de vida actual puede vivir con lo que tiene ahorrado o podrá mantener siempre el mismo nivel de vida actual? ¿Si usted se queda sin trabajo cuanto tiempo podrá mantener el nivel de vida de su familia con lo que tiene ahorrado? ¿Es suficiente? Si no es suficiente es hora de hacer algunos cambios en la forma en que maneja su dinero. Siga leyendo y conozca cómo controlar su dinero.

Como este libro es para hablarles de cómo tomar el control de su dinero, en este momento me voy a concentrar en el análisis económico ya que por experiencia propia se que una carencia en este aspecto puede influir negativamente en otros aspectos de nuestra vida. Esto no quiere decir que este aspecto sea el único ni el mas importante en analizar , en realidad todos los aspectos en la vida de una persona deben ser importantes y debe haber un balance entre ellos. Hoy en día si usted sale de su casa y aun si no sale necesita dinero y si usted en verdad quiere tener un futuro mejor, (con más dinero disponible) es muy importante que haga un análisis de su situación económica. Mientras mas temprano en su vida haga este análisis más pronto podrá tener unos resultados satisfactorios.

Probablemente en este momento que está leyendo esto , usted se encuentre en una situación difícil de mucha incertidumbre ,siente que nada le ha salido bien o que ha perdido muchos años de su vida, en este momento probablemente se siente un fracasado, no sabe que hacer con su vida, no tiene dinero, esta a punto de tirar la toalla o ya la ha tirado. Recójala todavía puede hacer algo . Si por lo que hizo anteriormente con su dinero está en una situación difícil ahora , no se preocupe , a partir de este momento ocúpese en mejorar esa situación y regálese unos años futuros de mucho bienestar. Solo depende de usted, continué leyendo y conozca las herramientas financieras que lo ayudarán a mejorar su situación financiera , también enséñele a sus hijos estas herramientas para que no cometan los mismos errores que usted cometió y su vida sea de mayor bienestar.

Volvamos al factor común en todas estas historias como la de Carlos , el factor común es que existe un desconocimiento de cómo se debe controlar el dinero , para conservarlo y reproducirlo, las mayoría de las personas no están preparadas financieramente y por lo tanto viven en una constante angustia financiera , siempre andan buscando fuentes para obtener mas dinero para poder gastar , cuando lo que deben hacer es aprender a manejar su dinero y ponerlo a trabajar para que este les genere bienestar.

¿Qué sucede si me quedo sin trabajo?

A nadie le gusta pensar en esto, pero hay que ser realista , esto es algo que puede ocurrir en todos los países, lo que es importante es estar preparado para que si por alguna razón se queda sin trabajo, esto no sea traumático. ¿Cómo prepararse para superar el quedarse sin trabajo? La respuesta es: acumulando capital mientras se tiene un empleo e ir planeando en que invertir.

 Las personas que tienen dinero , acumulan capital y lo invierten, este dinero invertido les genera mas dinero, al comienzo cuando las cantidades son pequeñas es poco lo que se recibe de ganancia por la inversión , pero en la medida que este dinero va creciendo se recibe mucho mas utilidad por la inversión. Algunas personas logran acumular tanto que tienen la posibilidad de mantener su nivel de vida con los intereses que les genera su dinero y se dedican a hacer lo que mas les gusta.

Las personas que no tienen dinero cada vez que reciben sus ingresos corren a comprar cosas, carros, viajes, etc. Lo peligroso de esto es que no se dan cuenta que el ingreso se puede acabar.

Para estar preparado para esta eventualidad el primer paso es ahorrar , no importa en qué cantidad, lo importante es que sea periódicamente, y que no se utilice para nada que no sea invertir , hasta que logre tener una cantidad que le genere intereses o dividendos que le cubran sus gastos.

 Para poder iniciar un plan de ahorro es muy importante que las personas tengan un conocimiento total de sus finanzas , para lo cual en el siguiente capitulo les vamos a dar las herramientas básicas que son usadas por las empresas para controlar sus finanzas. El uso de estas herramientas lo ayudaran a conocer a fondo su situación económica y le darán señales que lo ayudaran a trazarse sus objetivos.

Si usted ahorra el equivalente al 10% de su sueldo desde que empieza a trabajar y no lo toca, usted creara un fondo que puede utilizar si se queda sin trabajo y si mantiene su trabajo entonces lo puede invertir.

CAPITULO CUATRO

LOS PASOS A DAR PARA QUE SU DINERO LE ALCANCE SIEMPRE

PRIMER PASO

Defina qué quiere tener en su vida

¿Qué debe hacerse? Primero que nada debe usted definir cómo quiere vivir desde hoy hasta sus últimos días. Defina qué quiere hacer , cómo quiere divertirse, dónde quiere vivir , a dónde quiere viajar, que vida le quiere dar a su familia. Visualice como estará viviendo dentro de 1 , 3, 5, 7 y 10 años. Este es un paso muy importante , ya que le irá indicando qué debe hacer en el camino, le dará sentido de dirección y le permitirá enfocarse en el resultado. Haga su plan por escrito y divídalo por etapas o pasos que debe ir dando para alcanzar ese plan.

¿Si no sabe lo que quiere cómo espera alcanzarlo?

Algunas personas pueden querer seguir viviendo como lo esta haciendo hasta ahora con todas sus limitaciones, sin mayores planes de un futuro mejor y dejando que las circunstancias lleven su vida, en vez de actuar y hacer algo para cambiar , otras personas pueden querer una vida segura , donde todos sus gastos (incluyendo la educación de sus hijos , al menos una vacación por año y su pensión de vejez) estén cubiertos de por vida, otras pueden querer vivir una vida confortable con una hermosa casa en una zona privilegiada de buen ambiente social , cambiando de carro cuando lo quieran , teniendo diversos viajes de placer, sin preocupaciones para educar a sus hijos, etc. Y otros pueden querer vivir una vida como millonarios jugando al golf o al tenis en la mañana, teniendo personas que le manejen el negocio, y dedicándose a actividades sociales o conociendo el mundo.

¿Cuál de estas formas de vida quiere realmente vivir usted?

Para cada tipo de vida existe un plan, dependiendo de las cosas que usted quiera , tendrá que hacer un mayor o menor esfuerzo. Usted decide.

¿Cómo quiere vivir?   Con limitaciones, seguro, confortable o como rico. ¿Está usted dispuesto a pagar el precio para lograr su objetivo? El mundo esta lleno de personas que han decidido pagar el precio para estar en cada uno de esos niveles , otros los que no han pagado el precio , están por debajo del nivel de vida que quieren vivir.

 Lo invito a que se decida a vivir una vida mejor que la que ha tenido hasta ahora , logre ese sueño que siempre ha querido , trabaje día a día por vivir mejor junto a su familia, no importa en que estado se encuentre en este momento , tome la decisión e inicie el cambio.

Una vez que defina que nivel de vida quiere , empiece por trazarse un plan para ir lográndolo a medida que pasen los años. Si no se traza un plan , simplemente dejara que las circunstancias sean las que manejen sus finanzas y si las circunstancias no le son favorables , usted llevará un nivel de vida inferior a lo que usted quiere.

Si usted quisiera viajar a cualquier ciudad en el mundo tendría que hacer un plan: Cuándo va a ser el viaje, cuánto dinero va a necesitar, si va a viajar por avión o por barco, en qué fecha, etc. Igualmente si usted quiere llegar a vivir en un determinado nivel de vida o tiene alguna meta financiera, tiene que trazarse un plan que lo ayude a lograrlo.

Tome una hoja y un lápiz y escriba como quiere vivir en el futuro:

Quiere vivir seguro , confortable , rico o lleno de limitaciones?

Esto no lo tiene que compartir con nadie , así que escriba en verdad como quiere vivir este pequeño primer paso le dará dirección.

El hecho de que usted quiera ser millonario y en este momento esta totalmente pelado en cuanto a dinero, no quiere decir que es un objetivo irreal, usted puede lograrlo , pero seguro que lo primero que tiene que hacer es lograr un objetivo de seguridad económica y después seguir paso a paso hasta que llegue a su objetivo.

Si por alguna razón usted no llega a su objetivo final , le aseguro que se encontrara por lo menos en una posición financiera mejor a la actual.

Un nuevo significado de riqueza

Uno de los significados de **RIQUEZA** que mas me ha ayudado a trazarme objetivos financieros es el que leí en el libro de un autor norteamericano llamado Robert Kiyosaki , que dice que la riqueza se mide en tiempo y el significado de la palabra es : **El tiempo que usted puede vivir con el dinero que tiene ahorrado si se queda sin trabajo y manteniendo el nivel de gastos actual** , por ejemplo si usted necesita 1000 dólares por mes para vivir , se queda sin trabajo y tiene ahorrados 5000 dólares su riqueza será de cinco meses.

Desde este punto de vista , se ha preguntado , cuánta riqueza tiene usted. ¿Se sentiría seguro si tiene ahorrado un año de riqueza? ¿ No cree que debería construir algo de riqueza? ¿Cuántos años de riqueza le darían tranquilidad?

Por experiencia propia se , que construir al menos un año de riqueza ,te da una tranquilidad enorme en el aspecto económico. Te permite enfocarte en tus proyectos y de hacer planes para crecer. No hay nada que lo limite a uno mas que estar pendiente de cómo va a pagar el alquiler o la cuota de la casa , o qué falta una semana para la quincena y ya no tiene dinero.

Pienso que tener al menos un año de riqueza , es un buen primer objetivo financiero que deberían fijarse la mayoría de las personas o por lo menos tener una reserva de tres meses de sueldo o ingreso.

Si cuando usted se plantee sus objetivos decide ser rico cuando tenga una edad determinada , entonces , como primer paso , haga un plan para vivir con seguridad . Por qué? Porque uno no se vuelve rico de la noche a la mañana, así como no se pasa de la primaria a la Universidad en un año. Usted tiene que cubrir una serie de etapas que lo van a ir preparando para ir creciendo con una base sólida. RECUERDELO nadie se vuelve rico de la noche a la mañana.

Al hacer un plan para vivir con seguridad , usted se dará cuenta de que es mas fácil que hacer un plan para ser rico , pero cuando usted alcance este objetivo de seguridad estará mas cerca de su objetivo final . Tendrá una buena base para continuar , además de que estará reforzando el hecho de que usted puede lograr los objetivos que se proponga.

El hecho de trabajar para vivir con seguridad le permitirá eliminar una buena parte de las preocupaciones del día a día , ya que usted tendrá cosas que lo hacen sentirse seguro, como por ejemplo un año de riqueza en efectivo invertido en el banco , o tres meses de sueldo de reserva para imprevistos.

Para que su plan de vivir con seguridad funcione verifique que contempla todos los aspectos que usted considera que debe tener para sentirse seguro, por ejemplo: Tener un seguro de salud para toda su familia, tener fondos de reserva, que su ingreso no dependa exclusivamente de un sueldo , que sus gastos normales están cubiertos por un ingreso y si es posible que este ingreso sea residual es decir, que sea generado por intereses , dividendos, regalías , negocio propio, etc.

Después que complete un plan de seguridad , con el cual se sienta satisfecho, haga un plan para vivir confortablemente , para continuar con un avance gradual hacia su objetivo mayor. En este plan , ya comenzara a planear cosas que le den confort a su vida , puede ser que quiera cambiar de carro todos los años por un ultimo modelo o quiera vivir en una zona mas exclusiva o tener una casa en la playa. Ya una vez logrado el objetivo de vivir con seguridad usted tiene mas tranquilidad para pensar en darse algunos lujos , en este momento ya debe tener una base financiera que le permite disfrutar de muchas cosas.

Una vez que se sienta satisfecho con este plan para vivir confortablemente , haga su plan para ser rico.

Haga los tres planes desde el comienzo , tómese su tiempo , hágase las preguntas adecuadas , qué es para usted vivir seguro , cómo es para usted vivir confortable o cómo es vivir como rico, pregúntese en cada caso cuánto dinero necesita para vivir de esa manera , cuánto tendrá que ahorrar para lograrlo , dónde podrá generar ingresos adicionales , qué gastos tendrá que posponer , etc.

El hacer los tres planes desde el comienzo, estará definiendo el camino que quiere seguir en su vida, tendrá un plan de vida que le permitirá mantenerse enfocado y motivado ya que día a día sabrá que debe hacer para construir la vida que quiere.

Una cosa importante de señalar es que al trabajar en el plan para tener seguridad también estará trabajando ya en su plan de ser rico.

Hágase las siguientes preguntas antes de construir sus planes:

Ha pensado cómo va a ser su vejez?

 Dependerá usted de sus hijos o del gobierno para vivir?

Va a tener suficiente dinero para vivir o va a tener que vivir de la beneficencia?.

Qué pasara en su vida si se queda sin empleo?.

Su seguridad depende de usted o de su jefe?

Ha pensado si le va a poder pagar el colegio o la universidad a sus hijos?

Tiene tiempo y dinero para disfrutar con sus hijos?

Cuanto dinero tiene ahorrado?

Cuando termina de pagar sus deudas?

Cuanto tiempo puede vivir sin trabajar?

Están usted y sus familiares asegurados?

Por qué muchas personas que se pasan toda su vida trabajando al llegar a su vejez no tienen suficiente dinero para llevar una vida digna?

Por qué algunos padres no tienen para cubrir los gastos de educación de sus hijos en la universidad?

Por qué la mayoría de los empleados que no les gusta su trabajo no lo dejan y se dedican a la actividad o profesión que mas les gusta?

Por qué mucha gente que trabaja y trabaja no llegan a tener suficiente dinero para llevar una vida sin mayores preocupaciones financieras?

Por qué los profesionales después de un tiempo no dejan sus trabajos y crean negocios productivos y son sus propios jefes y generan empleo en vez de buscarlo?

Es muy importante en la vida sobre todo cuando se es joven hacerse estas preguntas

La vida tiene sus altibajos y la economía de las personas también , hay que seguir el principio de guardar en época de vacas gordas para que en época de vacas flacas el camino sea mas fácil de llevar.

Hágase todas las preguntas que lo puedan ayudar a construir su plan, empiece con un plan sencillo para que gane confianza , pero no abandone hasta que haya logrado su mayor objetivo.

Tenga sus tres planes por escrito en una carpeta , archívela y consúltela a diario si es posible. No tome el atajo de no escribir sus planes, si los tiene solo en su mente es muy fácil que otros pensamientos lo distraigan y lo alejen de su objetivo.

Póngale una fecha de culminación a los planes que se proponga esto le dará una adecuada presión. Esto se debe hacer , ya que es muy normal que la gente posponga las cosas que hay que hacer.

Comience a trabajar todos los días en las actividades necesarias para alcanzar su plan , cada día que no haga algo por su plan, simplemente estará retardando un poco el logro de su objetivo.

Una vez alcanzada cada etapa fíjese una nueva , y una vez que termine con su primer plan siga con el siguiente.

SEGUNDO PASO

Conozca como controlar su dinero

Para tener dinero es muy importante saber ahorrar e invertir, pero también es necesario tomar control del dinero que uno posee, es muy importante tener conocimientos de cual es el capital neto que uno tiene y si este crece o disminuye con los años, es muy importante estar consciente de los ingresos y egresos de dinero y además se debe tener un plan para saber a donde se quiere llegar financieramente hablando.

En las empresas hay departamentos que se encargan de evaluar constantemente estos aspectos con el fin de garantizar el éxito económico de una empresa , estos mismas herramientas utilizadas en una forma sencilla se pueden utilizar para llevar el control en nuestra economía personal y de esta manera lograr un mejor futuro.

Aunque usted se sienta bien en el aspecto económico ,no deje de revisar los pasos siguientes, siempre se puede hacer algo por mejorar.

Herramientas para el control de las finanzas personales

A continuación vamos a enseñarle una serie de herramientas que son muy sencillas , pero que son tremendamente efectivas en hacer que usted se haga consciente de su situación financiera y de los pasos necesarios para mejorarla, no vamos a tratar de ser unos expertos en finanzas , ni vamos a entrar en conceptos financieros profundos, pero vamos a enseñarle unas herramientas probadas que lo ayudaran a mejorar su situación económica.

Si uno de sus objetivos es tener mas dinero , le recomiendo que utilice estas herramientas desde hoy y por el resto de su vida , le aseguro que si usted no se vuelve millonario por lo menos logrará vivir una vida con menos problemas financieros y si sigue los consejos que le vamos a dar , puede en el futuro contar con mas dinero en sus cuentas bancarias.

Vamos a hacer un recorrido por las diferentes herramientas financieras que utilizan las empresas en el mundo para evaluar su situación económica, pero por favor , no se vaya a asustar , esto es sumamente sencillo y adicionalmente vamos a utilizar un lenguaje básico y muy amigable para que usted se sienta a gusto y con ganas de aprender.

 Quiero hacerle un comentario adicional el hecho de que esto le parezca muy fácil (en caso de que usted piense que es así) no vaya a abandonar hasta el final , hasta haber completado todo su análisis. Esto es muy fácil , no lo quiera complicar , no se necesita ser un experto en finanzas para entenderlo , no vaya tampoco a pensar que no va a funcionar siga los pasos y esto le ayudara a construir una mejor situación financiera.

Todo el conocimiento que requiere para dar estos pasos es saber sumar y restar, manos a la obra.

Tome para usted la oportunidad de tener mas dinero, no vaya a pensar que el uso de estas herramientas es una perdida de tiempo, tómese unos minutos , piense y encuentre las razones por las cuales a usted le interesa lograr mejorar su situación financiera , escríbalas y téngalas a mano para que cada vez que piense que esto no vale la pena , las lea y se de cuenta de lo que usted quiere y puede lograr.

ANÁLISIS DE LA SITUACIÓN ACTUAL

Es muy importante que usted analice cómo es su situación financiera actual, la conozca realmente y la registre en un cuaderno o en su computadora ,esto le dará un punto de partida y le permitirá medir cómo se va comportando con el tiempo , al evaluar su situación actual , usted se dará cuenta dónde se encuentra financieramente en este momento.

Los aspectos que debe conocer son: Cuáles son sus ingresos actuales, de dónde se generan , si es por sueldo, dividendos o un negocio , cuánto dinero del que ingresa se va en gastos , cuánto está ahorrando de sus ingresos o en cuánto se esta endeudando por no poder cubrir todos sus gastos con lo que le ingresa de dinero , también se le facilitará hacer planes , ya que usted sabrá exactamente hacia donde se debe mover, que debe hacer , que gastos debe evitar , también el hacerlo le hará ser mas creativo , y lo impulsara a actuar para mejorar , ya que la opción de no hacerlo es muy triste , por no decir terrible .

Es muy importante que para este análisis usted se sincere con usted mismo , no se diga mentiras , no coloque ingresos irreales , no oculte deudas, verifique que está anotando todos sus egresos. Tampoco se vaya a paralizar del miedo , si su situación económica esta critica , en este momento usted esta conociendo su situación actual , no su situación futura , si usted hace algo por mejorar esto , entonces su futuro será mejor. Esto depende exclusivamente de usted.

Para iniciar el estudio de su situación actual , es necesario que se siente en un lugar tranquilo y que se prepare a escribir , no se asuste , no va a escribir un libro , como máximo tendrá que utilizar 10 hojas , pero la información que usted coloque en estas hojas transformará su vida financiera si usted lo quiere. Para llevar sus registros puede utilizar un cuaderno , la computadora , unas hojas , etc., algo donde pueda escribir . tenga este material siempre a mano para que lo pueda consultar cuando lo requiera y tómelo cada vez que tenga que actualizar información . No destruya la información mas vieja nunca y acostúmbrese a poner fecha , cada vez que actualiza , con el tiempo esta información histórica le ayudará para realizar nuevos presupuestos , para motivarlo , al ver que en otros tiempos su situación económica fue peor o para que le de señales de alarma que lo puedan ayudar a tomar acción.

A partir de ahora , usted vera en una forma sencilla , clara y escrita , cómo es su situación financiera y tendrá un conocimiento consciente y por lo tanto , podrá llevar el control sobre la misma. El hecho de que esta información este por escrito le va a quitar un peso de su mente , ya que siempre los seres humanos tendemos a preocuparnos mas de la cuenta , por cosas que aunque importantes no representan un problema.

Si su verdadero deseo es tener mas dinero , además de tener el control del mismo , es muy importante que esté preparado a hacer sacrificios y evitar la gratificación instantánea .

Estos sacrificios , en algunos momentos , pueden ser muy fuertes como tener que dejar de comer algo que le gusta o dejar de salir de vacaciones o no comprar un carro nuevo .

Como la decisión es suya , conozca primero como esta su situación financiera actual , elabore un plan para mejorarla y vea si es capaz de hacer los sacrificios que se requieren, si no cree que valga la pena hacer sacrificios , simplemente siga viviendo la vida que tiene actualmente, pero no se queje de los resultados.

Herramientas para el control del dinero

Las herramientas que se van a mencionar a continuación han sido utilizadas por muchas personas y empresas para llevar el control de sus finanzas , el utilizarlas le permitirá tomar el control de su dinero y le facilitara hacer planes para su futuro.

Para que estas herramientas sean de gran utilidad le recomiendo que a medida que vaya leyendo sobre cada una de ellas , las vaya utilizando y así de esta manera cuando termine de leer el libro tendrá una idea bien clara y detallada de su situación financiera actual y podrá hacer planes para su futuro.

1.- Análisis del Flujo de efectivo

El análisis del flujo de efectivo es una herramienta muy útil , ya que con ella podemos observar como es el movimiento del dinero en nuestra economía personal.

 Para saber como es nuestro flujo de efectivo, tenemos que anotar en un cuaderno nuestros ingresos y egresos y restar a los ingresos los egresos y analizar la cifra que resulta. Esta herramienta nos permite ver , si el dinero que nos ingresa es suficiente para cubrir los gastos y en qué porcentaje lo hace , podemos saber cuánto nos sobra después de los gastos y cuánto mas debemos ganar si nuestros ingresos actuales no son suficientes para cubrir los gastos.

Por favor tome una hoja para los anotar sus ingresos y coloque lo que se le indica mas abajo:

Ingresos

51

Coloque en ingresos todo el dinero que ingresa en su casa (o negocio si lo esta haciendo para su negocio) por su trabajo, por regalías (este es un dinero que ingresa sin que usted trabaje , este es el caso de algunos artistas que dicen , a mi no me paguen un monto único por mi trabajo , yo quiero un porcentaje de lo que se venda) , por intereses de ahorros , por ganancias en el mercado de acciones, por ingreso residual (negocios de network marketing), por pago de alquileres de propiedades, o cualquier otra tipo de ingreso que usted tenga.

En la hoja de ingresos , coloque todos los tipos de ingresos que se mencionan arriba y cualquier otro que usted conozca, no importa si en este momento el único ingreso que usted tiene es su sueldo. Al tener listados todos los tipos de ingreso que usted conoce, cuando tenga que colocar el monto que recibe seguramente pondrá xxxx monto por sueldo, pero cuando va a revisar los intereses por ahorros o dividendos de acciones tendrá que poner un monto cero. La importancia de que coloque cero en los tipos de ingreso que usted no tiene es para recordarle su dependencia de un empleo y que si en algún momento su jefe decide que ya usted no les sirve va a perder su única fuente de ingresos , si su ingreso por intereses de ahorros es cero , usted tiene que darse cuenta de que no tiene nada ahorrado y que debe hacer algo al respecto, si su ingreso por dividendos de acciones es cero , en este momento usted tiene que hacer algo al respecto en el futuro , si quiere que su situación financiera mejore. Lo mismo ocurre con los demás tipos de ingreso por alquileres, por regalías ,etc. Si son cero , en este momento no quiere decir que en el futuro también serán cero , si usted hace un buen plan en el futuro , tendrá mas de una fuente de ingresos y podrá vivir con un mejor nivel de vida.

No dependa exclusivamente de su empleo, haga un plan y comience a generar ingresos diferentes al sueldo , ahorre , infórmese como adquirir acciones, invierta en algún tipo de negocio, etc.

Egresos.

Coloque en la misma hoja , si cabe y si no en otra , todos los egresos que usted tiene en el mes por cualquier concepto, ejemplo: Alquileres, cuota del apartamento, alquiler del local, gastos de transporte ,cuota del carro, comida, vestido ,educación , diversión, compra de mobiliario, pago de tarjetas de crédito, pago de otros créditos, afiliaciones a clubes, revistas, canales por cable, teléfono, etc.

Una vez escritos todos sus ingresos y egresos , sume cada uno por separado , tome los totales y reste los egresos de los ingresos. En este momento esta usted a punto de darse cuenta de algo que probablemente ya sabe, pero que solo lo tiene en la mente causándole muchos tormentos o muchas satisfacciones dependiendo del resultado.

Si el resultado de la resta es positivo. ¡ Maravilloso¡ Usted es uno de los mortales que logra gastar menos de lo que gana, si usted es una persona disciplinada , seguramente tiene un programa serio de ahorro e inversión y tiene una adecuada planificación financiera, usted esta en condiciones inmejorables para lograr la libertad financiera. Si aun no hace nada con este excedente de sus ingresos, empiece a ahorrarlo de ser posible en una moneda estable para que el dinero no pierda valor , busque oportunidades para invertirlo , ya sea en acciones propiedades para alquilar, u otras, de esta manera estará creando una nueva fuente de ingresos adicional a la que ya tiene por la cual usted no tiene que trabajar físicamente. Cuando esta fuente de ingresos adicional sea igual o mayor a sus gastos usted habrá alcanzado la libertad financiera para su nivel de gastos actual y puede hacer un plan para mejorar su nivel de vida.
   Si no esta seguro de conocer todas las herramientas financieras y quiere hacer un plan financiero continué leyendo para que aprenda como utilizar estas herramientas en su provecho.

Si el resultado de restar los egresos de los ingresos es negativo ,
tenga mucho cuidado , usted esta en una situación de peligro desde
el punto de vista financiero. ¡Usted esta gastando mas de lo que
gana¡. No se ha enterado de nada nuevo .Verdad? ya eso usted lo
sabia, cierto?

Si esta en esta situación no se preocupe , ocúpese en estudiar esta
situación y de tomar los pasos necesarios para transformar esta
situación , la cual es muy riesgosa , en una situación segura. Va a
tener que reducir algunos de sus gastos, aquí viene la primera
prueba.
 Será usted capaz de sacrificar algunos gastos. Tiene que hacerlo ,
ya que si no lo hace mas pronto que tarde se presentaran algunos
inconvenientes o en el mejor de los casos usted va a tener que
empezar a vivir con muchas limitaciones o tendrá que endeudarse
para poder vivir.
Normalmente para tener fuerzas para hacer sacrificios puede
recordar cuales serán los beneficios que obtendrá en el futuro si
sacrifica hoy algunos gastos o cuales serán las consecuencias de no
sacrificar algunos gastos. Recuerde cuál es su objetivo , recuerde
qué quiere lograr , cómo quiere estar financieramente en sus
próximos años. Seguro que el sacrificio vale la pena. ¡Seguro que
si¡

Analice todos los gastos que tiene y decida cual o cuales puede
eliminar o disminuir hasta que termine con el déficit, si usted no lo
hace probablemente se esta endeudando y con el tiempo su
situación puede empeorar.

Para ayudarlo , vamos a mostrarle un ejemplo de flujo de efectivo ,
y a partir de el se harán diferentes análisis.

INGRESOS		EGRESOS	
SALARIO	1600000	HIPOTECA	400000
INTERESES	0	ALIMENTACION	300000
INGRESO RESIDUAL	0	EDUCACION	250000
RENDIMIENTO ACCIONES	0	SERVICIOS	150000
ALQUILERES	0	ROPA	100000
ROYALTIES	0	MANTENIMIENTO DE VEHICULO	150000
OTHERS	0	AHORROS	0
		TARJETAS DE CREDITO	150000
		SEGUROS	100000
TOTAL INCOME	1600000	TOTAL EGRESOS	1600000

En este ejemplo , se colocó los ingresos iguales a los egresos solo para facilitar el análisis que se va a hacer de la situación:

Cómo podemos ver en el cuadro, en la sección de ingresos solo existe un ingreso por sueldo, esto indica una total dependencia de este tipo de ingreso lo cual es algo que implica mucho riesgo. Este caso es típico de todas las personas que trabajan como empleados de una empresa.

Qué sucede si este ingreso se pierde.? Quién va a pagar las cuentas? Qué pasa si aumentan los egresos y el ingreso sigue igual?, la respuesta es muy sencilla, usted va a empezar a endeudarse , probablemente todo lo va a cargar a la tarjeta , con lo cual cada mes sus egresos van a seguir aumentando y llegará un momento en que de seguir así , no podrá pagar las tarjetas y podrá tener problemas con los bancos.

En la columna de los egresos puede ver que uno de los conceptos que aparecen es el ahorro, esto se hizo intencionalmente para recordarle que el dinero del ahorro usted se lo debe a alguien y no lo debe tocar, ese alguien es usted mismo y ese egreso es el que le va a permitir construir un mejor futuro para usted y su familia. En este ejemplo en particular el ahorro esta en cero, la recomendación es que si quiere mejorar su vida financiera en el futuro debe programar ahorrar una determinada cantidad en el tiempo.

Como pueden ver en el ejemplo, no existe ningún ingreso por intereses , ingreso residual, acciones , alquileres, etc. , esto hace que se tenga una total dependencia del sueldo, estar en esta situación es muy riesgoso para cualquier persona. Si observamos en la columna de los egresos la fila donde se indica el ahorro esta en cero, **esta persona no ahorra nada de lo que gana**, de esta manera es difícil que en algún momento tenga un ingreso por intereses , o por alquileres, o por inversiones en general. Cualquier persona que quiera construir un ingreso adicional a su sueldo por medio de inversiones , debe comenzar a ahorrar parte de su ingreso, la mayor parte de los expertos recomienda ahorrar al menos 10% del ingreso para construir unas finanzas sanas, pero si usted en este momento cree que no puede ahorrar el 10% empiece con un porcentaje menor hasta que se forme el hábito.

Si considera que no tiene nada que ahorrar , revise sus egresos determine de cual de ellos puede prescindir y si no lo puede hacer en este momento haga un plan para eliminar ese gasto en el futuro inmediato y posteriormente iniciar el ahorro. Por ejemplo si tiene un gasto fijo en tarjetas de crédito haga un plan para cancelarlas lo mas rápido que pueda , no las vuelva a usar y posteriormente ahorre ese dinero. Utilice la filosofía de la escasez viva con algunos limites hasta que logre ahorrar algo y pueda realizar sus inversiones.

Otra opción es aumentar sus ingresos , esto probablemente va a requerir que trabaje horas extras o que utilice su creatividad y desarrolle un negocio propio.

Si sus ingresos son iguales o menores a sus gastos usted debe reducir sus gastos o eliminar algunos. Piense en eliminar aquellos gastos que no son prioritarios y adicionalmente debe   pensar cómo conseguir un mejor ingreso, use su creatividad ,   evalué sus habilidades , construya un negocio en base a sus habilidades, no importa que sea pequeño, dígale a sus amigos que esta buscando un mejor empleo.

Veamos que sucede en diferentes situaciones:

Sus Ingresos son igual o menor que sus egresos.

Si los Ingresos son igual a los egresos o los egresos son mayores que los ingresos y no hay gastos que pueda eliminar, estamos ante un caso de crecimiento nulo y lo mas probable es que en el corto plazo estemos endeudados. El crecimiento es nulo porque no queda absolutamente nada para ahorrar, entonces la persona que tenga este flujo de efectivo simplemente vivirá con lo que gana y con los gastos que están indicados, esta persona no puede darse el lujo de gastar en absolutamente nada que este fuera de este presupuesto ya que si lo hace incurriría en endeudamiento y con el tiempo sus ingresos no van a cubrir sus gastos con lo cual la situación económica de esta persona va a ser critica. Otro punto es que como algunos gastos se incrementan con la inflación y los ingresos no crecen en el mismo orden esta persona dispondrá cada día de menos dinero para cubrir sus gastos normales, con lo cual su nivel de vida ira disminuyendo con el tiempo. ¡ Usted no se puede dar ese lujo tiene que actuar ya para cambiar esta situación¡

¿Qué debe hacer si se encuentra en esta situación?

Ante esta situación la persona debe por todos los medios iniciar algún tipo de actividad extra que le permita incrementar sus ingresos, con el fin de que evite a toda costa el endeudamiento en un primer termino y en la medida que siga aumentando sus ingresos le ayude a iniciar un programa de ahorro de capital que pueda poco a poco crecer y generarle un ingreso extra por intereses.

Normalmente para esta etapa la persona debe ser muy creativa , evalué sus habilidades , construya un negocio en base a sus habilidades, no importa que sea pequeño, dígale a sus amigos que esta buscando un mejor empleo, debe aprender un oficio nuevo o hacer cursos de mejoramiento en su carrera o conseguir un trabajo de ventas que pueda hacer en las horas improductivas. Las empresas de "network marketing" que permiten la comercialización de productos puede ayudarles en este sentido, busque la que mas se adapte a su gusto y pregunte por las comisiones que pagan y póngase a generar ese dinero extra. También puede utilizar alguna habilidad que usted tenga y que pude ser utilizada por otros esto le servirá para ganar algún dinero haciéndolo.

Otro de los beneficios de conocer si sus egresos son mayores o iguales a sus gastos actuales es que usted ya sabe que a menos que genere ingreso adicional no puede hacer gastos extras ya que estos lo llevaran a un endeudamiento mayor.

Comience a hacer sacrificios; elimine las salidas a comer en restaurantes, no compre cosas innecesarias en el mercado, suspenda la compra de licores , no agarre taxis , cuide su ropa , lleve a pasear a los niños a los parques públicos , haga reuniones con sus amigos en casa y por colaboración, etc.

Los sacrificios los debe hacer hasta que usted alcance el objetivo financiero que quiera lograr.

Sus Ingresos son mayor que sus egresos.

Si los ingresos son mayores que los egresos en cualquier magnitud usted esta en una posición que le va a permitir si hace lo correcto lograr la libertad financiera, pero si no da los pasos correctos su situación económica puede cambiar y estar en la situación que se menciono anteriormente en otras palabras usted cambiara una situación de crecimiento económico por una de decrecimiento, ¿es esto lo que usted quiere? , por su bien espero que no.

¿Qué hacer en esta situación?.

Independientemente del monto en que sus ingresos excedan a sus egresos usted esta en una posición privilegiada, usted tiene la posibilidad de mejorar día a día su situación financiera y puede llegar a lograr la libertad financiera si se decide y da los pasos correctos.

Empiece por ahorrar, este excedente de dinero, vera como su dinero crece mes a mes y si esto lo repite durante el tiempo suficiente y evaluando los diversos instrumentos de inversión que existen en el mercado, usted puede llegar a tener una relativa tranquilidad en sus finanzas. Digo una tranquilidad relativa , ya que usted no sentirá la presión que sienten aquellas personas cuyos ingresos son deficitarios.

 Le recuerdo que con el dinero nunca se debe descuidar uno, si no se controla se puede perder, lo mejor es que elabore un plan financiero que le permita construir su libertad financiera.

La mayoría de las personas que tienen excedente de ingresos , caen en la tentación de gastarlo en cualquier lujo, les gusta la gratificación instantánea, vacaciones, carros , restaurantes, ropa, etc., pero al hacerlo están perdiendo la oportunidad de mejorar su situación financiera futura y por lo tanto de lograr la independencia financiera. **Recuerde que no es importante parecer adinerado lo importante es serlo.**

El excedente de dinero que le queda , ahórrelo en una moneda que no se devalué fácilmente y cuando tenga una cantidad adecuada empiece a invertirlo de esta manera sus ingresos empezaran a aumentar y con ellos su situación financiera mejorara.

 Auméntese el sueldo todos los meses con el interés que le puede generar ese dinero , bien ahorrado o invertido.

Es muy importante que en este momento y dependiendo de su objetivo haga algunos sacrificios , no se permita gastos nuevos , manténgase en su presupuesto y planee para el futuro.

Para ayudarlo a evitar las tentaciones además de que sea usted disciplinado con los gastos ,debe aprender a realizar un presupuesto de gastos lo cual le enseñaremos a continuación.

2.- Presupuesto de gastos

En otra hoja o en su computadora haga un presupuesto de todos los gastos en que usted incurre en un mes, comience por escribir aquellos que se repiten todos los meses, que se le vienen a la mente fácilmente.

 Una forma de preparar un presupuesto lo mas exacto la primera vez , es que tome nota al menos durante un mes de todo lo que gaste cada uno de esos días, no se pare si el monto es de unos centavos , anótelo en la fila que corresponde, la idea de esta lista , es que usted se de cuenta en qué gasta cada uno de sus centavos y que pueda en consecuencia tomar el control adecuado de sus gastos. Este paso es muy importante ya que usted va a descubrir en que gasta su dinero y seguro que va a encontrar algunas sorpresas.

El presupuesto le va a indicar el monto total de dinero que usted va a necesitar para vivir en su nivel de vida actual durante un mes.

Al hacer esta lista usted podrá decidir en que áreas puede recortar gastos , puede ser que este gastando mucho en restaurantes, o en diversiones con los amigos y familia, a lo mejor esta comprando mucha mas ropa de la que necesita, evalué esta información, es suya, aprovéchela recuerde que si toma el control de esto puede llegar a lograr su libertad financiera.

El presupuesto es una guía que le va a indicar a usted cuanto es la cantidad máxima de dinero que usted puede gastar durante el mes en cada uno de los rubros en los que usted normalmente gasta. Por ejemplo si usted presupuesta que debe gastar una cantidad equivalente a 100 $ (dólares) por mes en diversión, no debe gastar mas de esta cantidad en el mes en este aspecto, ya que si lo hace estará afectando otro de los rubros en su presupuesto.

Cuando usted elabora el presupuesto para un mes, ya sabe cuanto dinero necesitara para poder cubrir sus gastos en ese mes. Si este presupuesto puede ser usado en los meses siguientes ya sabe cuanto debe ganar para cada mes.

Considere al hacer su presupuesto aquellos meses en los que tiene que hacer pagos especiales , como por ejemplo la inscripción en el colegio de los niños o el pago de una cuota especial de la hipoteca o del carro. Evalúe si con el ingreso que estima para ese mes puede cubrir estos pagos. Si se da cuenta que no va a poder cubrir esos gastos en el futuro determine si apartando desde ahora una pequeña cantidad puede ahorrar suficiente para superar esa cuota en el futuro.

Si no puede ir apartando nada , tiene que empezar a generar un dinero extra desde ya para poder cubrir el pago , si no lo hace tendrá que endeudarse.

En la siguiente hoja podrá ver un formato de presupuesto , para que lo utilice como guía en la elaboración del suyo.

Como podrá ver en el formato existe un renglón para el ahorro, esta es una partida muy importante para todas aquellas personas que quieran lograr mejorar su situación financiera y alcanzar la libertad financiera.

Coloque en su presupuesto un estimado mensual que sirva para el mantenimiento de su vehículo, ahorre esta cantidad todos los meses y de esta manera cuando surja un desperfecto no tendrá que ponerse a buscar dinero.

Alcanzar la libertad financiera toma algo de tiempo, por lo tanto es importante que usted disfrute el viaje, para hacerlo presupueste un monto para divertirse con su familia, por supuesto que sea un monto que no le retrase su objetivo.

PRESUPUESTO 2016

HIPOTECA	3700000037000
CONDOMINIO	
ESTACIONAMIENTO	
SERVICIOS	
COMIDA	
CARRO (GASTOS)	
CARRO (MANTENIMIENTO)	
COLEGIOS	
MERIENDAS	
TARJETAS CREDITO	
CELULAR	
CABLE	
SEGUROS	
VACACIONES	
AHORRO	
DIVERSION	
TOTAL MES	

Al conocer su presupuesto sabrá cuánto debe gastar en cada partida de gasto que usted tiene y si lleva un control de los gastos podrá ponerse limites , cuando vaya a superar un gasto a partir de ese momento , no debe gastar mas en ese rubro hasta el próximo mes , si por alguna razón este gasto es prioritario entonces disminuya el gasto en otro rubro, la idea es que el monto de su presupuesto no sea superado.

Al elaborar su presupuesto de ingresos y egresos usted sabrá como va a enfrentar los meses que vendrán y sabrá si hay que hacer ajustes o mejorar los ingresos.

El único rubro al que se le debe permitir aumentar es al del ahorro , ya que es el único que contribuirá en su desarrollo futuro.

El tener su presupuesto mensual por escrito , también le permitirá saber cuánto dinero necesita para llevar una vida normal y evaluar si con el ingreso que esta obteniendo en este momento , podrá alcanzar el plan financiero que usted se proponga o en cuanto tiempo lo lograra.

3.- Presupuesto y flujo de caja

El presupuesto unido al flujo de caja le permitirá hacer una proyección de cómo se va a mover su dinero en los próximos meses , de este cuadro usted puede sacar variada información y le permitirá prepararse para gastos futuros de una mejor manera.

Utilizando un formato como el que esta mas abajo usted podrá evaluar como se comporta su flujo real de dinero versus lo que usted tiene presupuestado para cada mes y tendrá señales de alerta que le pueden ayudar a tener control total de su dinero.

En el formato estarán representados el presupuesto de todos los ingresos que usted estima recibir en cada uno de los meses del año al igual que el presupuesto de todos los egresos que usted estima hacer. Para el presupuesto de egresos utilice los datos del presupuesto que elaboro anteriormente.

Este formato lo irá completando con los datos reales que usted tendrá en el mes , tanto de ingresos como de egresos.

Es importante que si en algún mes usted no cumple con lo presupuestado analice que situación ocurrió y tome previsiones y haga ajustes para próximos meses.

Esta herramienta lo ayudara a que no gaste mas de lo que debe, le dirá cuando esta gastando de mas y le permitirá evaluar que pasara en su futuro financiero.

En la siguiente pagina encontrara el formato que puede usar, es importante notar que puede haber otros modelos de formato aquí le presento algo sencillo que cualquier persona pueda usar.

Formato para presupuesto vs flujo de caja.

CONCEPTOS	PRESUPUESTO	REAL	PRESUPUESTO	REAL	PRESUPUESTO	REAL
	JULIO		AGOSTO		SEPTIEMBRE	
SALDOS INICIALES						
MERCANTIL AHORRO						
MERCANTIL CORRIENTE						
BANESCO						
EFECTIVO						
TOTAL SALDOS INICIALES						
INGRESOS						
SUELDO						
TRABAJOS						
MATERIAL MEDICO						
OTROS						
TOTAL INGRESOS MES						
EGRESOS						
CONDOMINIO RESORT						
PAGO CARRO/REPARACION						
PAGO BANESCO						
GASTOS CASA						
INSCRIPCIONES						
CASA MES ATRASADO						
ESTACIONAMIENTO						
DIVERSION/vacaciones						
CONDOMINIO						
AFILIACIONES						
DINERS						
TOTAL EGRESOS	0	0	0	0	0	0
SALDO FINALEXCESO(DEFICIT)	0	0	0	0	0	0

¿Cómo llenar el formato?

Como se puede ver en el formato anterior para cada mes usted tiene dos columnas una para colocar los montos que usted presupuesto y una para colocar los montos reales que tuvo.

En la columna de presupuesto coloque los montos para cada renglón que usted ha presupuestado para ese mes tanto de ingresos como de egresos. Haga esto para todos los meses que quiera evaluar.

En la columna de montos reales, usted debe ir sumando a lo largo del mes los ingresos y gastos reales que haga por cada concepto , al final de mes sabrá si pudo cumplir con su presupuesto y en que partidas fue deficiente o superada.

La importancia de llevar estas dos columnas es; que a medida que se coloquen los valores reales , usted se va a dar cuenta si se va a superar algún gasto, esto le permitirá ponerle limites y podrá ir haciendo ajustes en su presupuesto para que refleje su realidad.

Coloque los valores que usted tiene presupuestados , en la columna de presupuesto para cada mes. De esta manera usted visualizara como va a ser el flujo de dinero en los próximos meses, se recomienda hacerlo por lo menos para seis meses , pero esto será siempre de acuerdo a su gusto. Analizando los saldos , usted podrá ver como será su disponibilidad de dinero en el futuro y si podrá cubrir o no los gastos.

Si , cuando usted prepara el presupuesto para varios meses , en alguno de ellos el saldo es deficitario , esta es una señal de que usted debe , si se puede , ir apartando una cantidad en los meses anteriores para cubrir ese déficit. Por ejemplo si usted esta en junio y ve que en septiembre hay un déficit de 300000   usted debe tratar de ir ahorrando 100000 cada mes (junio ,julio y agosto) para cubrir ese déficit y de esta manera no incurrir en deuda. Si con el dinero que gana no le alcanza usted tendrá que buscar un ingreso adicional para poder cubrir ese déficit.

En la fila para saldos iniciales y en ambas columnas coloque el saldo actual en sus cuentas bancarias y el efectivo de que dispone al comienzo de cada mes , esta es la cantidad de dinero con el cual usted inicia el mes.

En la columna de presupuesto al saldo anterior , súmele los diferentes ingresos de dinero que usted espera recibir en el mes por diferentes conceptos , sueldos, comisiones , regalías, etc. Es importante que estos ingresos sean fijos. Si usted no esta seguro que va a recibir estos ingresos , no los coloque , es mejor recibir una buena sorpresa que llevarse una sorpresa desagradable.

Esta suma es el total de dinero con que usted va a contar en el mes para cubrir sus gastos, si usted quiere tener una economía sana y quiere lograr tener dinero en el futuro no puede gastar mas de esta cantidad.

En los renglones de egresos coloque todas las erogaciones que usted tiene que hacer en ese mes , el total de los egresos le indica la cantidad de dinero que usted va a gastar de su ingreso en ese mes.

En la fila de saldo final usted tiene la resta de los egresos a los ingresos y el monto resultante le indica dos cosas.

Si el monto es positivo sus ingresos están por encima de sus egresos y si usted quiere tener en el futuro mas dinero o una buena riqueza , debe tomar ese excedente y ahorrar e invertir ese dinero , siguiendo un plan especifico, mas adelante en el libro le explicaremos como tener un plan financiero .

Si el resultado es negativo ,estoy seguro de que usted sabe lo que le voy a decir.¡ **Usted está gastando mas de lo que gana mensualmente!** Esta situación es muy riesgosa, si lo mismo se repite para los próximos meses usted se estará endeudando y cada día que pase , usted estará entrando en una situación económica difícil y en algún momento no podrá cubrir sus gastos básicos. Qué hacer ante esta situación? Primero que nada evalué que gastos pueden ser reducidos , para que sus ingresos sean por lo menos iguales a sus egresos. Probablemente va a tener que hacer algunos sacrificios , no se preocupe , ni se lamente , por el bien de su futuro económico es importante que lo haga. El beneficio de hacerlo es que no tendrá deudas en el futuro , que no sabrá cómo pagar y que no lo dejaran dormir.

El comparar el valor que usted presupuestó y el valor real le va a indicar en qué grado usted mantiene una disciplina de gastos y lo va a ayudar a tener un plan financiero que va a poder cumplir.

Al escribir el presupuesto de gastos para todos los meses , usted se va a dar cuenta de cómo esta su economía y le va a indicar en qué magnitud tiene que aumentar sus ingresos o disminuir sus gastos , para tener un saldo positivo que lo ayude a crear riqueza.

Recuerde que si no se puede reducir ningún gasto y no le queda excedente, debe buscar aumentar su ingreso.

4.-Activo , pasivo y Capital neto

4..1 Activo

Activos son todas aquellas pertenencias suyas que son dinero o pueden transformarse en dinero al venderlas . Normalmente se clasifica en activo circulante y activo fijo. Activo circulante es aquel que es dinero o puede transformarse fácilmente en dinero, ejemplo de activo circulante tenemos el dinero en los bancos, inventario de productos, el activo fijo normalmente no es fácil de convertirse en dinero requiere normalmente de un proceso de venta que puede ser lento, como activo fijo tenemos un apartamento, un local comercial. Aunque los activos fijos no se pueden volver dinero fácilmente , pueden ser alquilados y generar dinero , pero también normalmente tienen gastos. Si usted posee un activo fijo , es importante que el mismo le genere mas ingresos que gastos , ya que de no tener cuidado le puede disminuir su capital.

Una definición de activo novedosa y que contribuye a tomar el camino de la libertad financiera es : **Activo es todo aquello que le pone dinero en su bolsillo.**

Como activo podemos citar la casa, el carro, los ahorros, otras propiedades, deudas por cobrar a terceras personas, acciones de empresas, bonos, royalties, etc.

Veamos algunas cosas que debe tener presente sobre el activo, si usted tiene solo una casa y esta es donde vive , este puede ser su mayor activo como es el caso de la mayoría de las personas, pero tiene un pequeño problema . Si usted llegara a necesitar dinero en este momento , no podría vender la casa porque se quedaría sin techo. Entonces usted no puede contar con su casa para mejorar su nivel de vida, igualmente sucede con otros bienes que son activos (el carro, los muebles, etc) aunque usted pudiera quedarse sin estas cosas para tener efectivo seria mejor no tener que venderlas, por lo tanto , lo mejor que usted puede hacer a lo largo de su vida es ir obteniendo activos que le generen dinero en efectivo mes tras mes.

Otra cosa que debe saber es que algunos activos le generan gastos , usted debe estar consciente de esto y evaluar si los ingresos que le genera su activo son mayores a los gastos que genera. En muchas ocasiones los gastos que generan algunos activos son culpables de que las personas se gasten todos sus ingresos y que a veces se endeuden, veamos un ejemplo , usted tiene un carro que puede ser considerado un activo porque usted puede venderlo y le genera dinero, pero resulta que usted no lo vende y el carro todos los meses le pide gastos o sea que mientras usted lo tenga no es un activo es un pasivo porque en vez de darle dinero le esta secando sus cuentas bancarias. Esto mismo puede ocurrir con otros activos y es importante que usted evalué como se comportan sus activos. Es recomendable hacer un análisis de ingresos y egresos a sus activos , para saber en que forma lo ayudan a construir su libertad financiera.

¿QUE ACTIVOS PUEDO CONSTRUIR?

Puede comenzar con algo tan sencillo como ir ahorrando poco a poco en una cuenta bancaria y si es posible en una moneda estable. Recuerde , si quiere tener un futuro con tranquilidad económica no debe tocar este dinero para gastos , el único uso que le puede dar es para invertirlo , de esta manera se estará garantizando fuentes futuras de dinero.

Si tiene ya el dinero suficiente, adquiera una propiedad para alquilar. Antes de hacerlo revise los valores de los alquileres en su ciudad y el porcentaje de ocupación . Recuerde hacer un análisis de ingresos y egresos para esta propiedad , es decir , busque una propiedad que pueda alquilar en un precio mayor que lo que son los gastos de la misma. (compare lo que cobra en alquiler con los intereses que pagan los bancos en la ciudad , al menos usted debe alcanzar esta cantidad).

Compre acciones a largo plazo de empresas que son estables, por lo menos por cinco años, durante este tiempo , olvídese de ese dinero. Si no quiere tomar riesgos por su cuenta , asesórese en una banca de inversión sobre qué productos financieros se ajustan mejor a usted. Lo importante es que ahorre e invierta , al hacerlo durante el tiempo suficiente , se dará cuenta que cada año tiene mas dinero y mas experiencia , si no lo hace , nunca sabrá lo que pudo haber logrado.

Otra opción es que construya un negocio tomando en cuenta sus habilidades , trabaje duro por hacerlo crecer y tenga control sobre sus finanzas.

4.2 Pasivo

Son todos aquellos compromisos o deudas que usted tiene con terceros. Dicho en otras palabras y de acuerdo con una nueva definición **pasivo es todo aquello que le saque dinero del bolsillo.**

Como pasivo tenemos: La hipoteca de su apartamento, la deuda del carro, las deudas de tarjeta, lo que le debe a otras personas, etc.

El pasivo que usted tenga , disminuye el monto de sus activos , ya que este pasivo es algo que usted le debe a alguien y en algún momento hay que pagarlo.

En cuanto a las deudas , haga sus mayores esfuerzos por evitarlas, las únicas deudas que se deberían tomar son cuando usted quiere invertir en un negocio , siempre y cuando haya evaluado los riesgos y los beneficios.

Evite financiar cualquier gasto con las tarjetas de crédito , ya que los intereses que le cobran son muy superiores a los intereses que le pagan por sus ahorros.

Si usted compra el mercado con las tarjetas porque no le alcanza el dinero , se esta creando un problema mayor para el mes siguiente. Limítese en sus compras y urgentemente haga algo extra para generar dinero o consígase otro trabajo que le pague mejor o revise en su presupuesto si hay algún gasto que pueda recortar.

Por ningún motivo agarre prestamos con intereses de usura , lo que esta haciendo es simplemente acelerando la magnitud y la velocidad de sus problemas financieros.

No se deprima si tiene que vivir por debajo de sus necesidades mientras logra mejorar financieramente , tome acción busque algo nuevo que hacer , involucre a su pareja trabajen juntos , ahorren e inviertan y con el tiempo su nivel de vida ira mejorando.

4.3 Capital Neto

El Capital Neto es el resultado de restar del total de sus activos el total de sus pasivos y representa el capital real que usted posee. Es una medida del valor de sus pertenencias y en algunos países , es conocido como patrimonio. Un capital neto mayor que cero indica cuánto realmente tiene usted de capital, después de quitar las deudas. Es importante que usted evalué esta cifra semestralmente para verificar si esta aumentando o disminuyendo a medida que pasa el tiempo y le permita tomar acciones.

Un capital neto negativo indica que sus deudas son mayores que sus activos y en realidad su situación financiera esta critica. Si le tocara pagar todas sus deudas en este momento usted no tendría como pagarlas en su totalidad , viéndolo en una forma cruda , usted no tiene nada de capital , aun peor usted esta endeudado. En esta situación , usted tiene que tomar acción para hacer que su futuro sea mejor , tiene que cambiar esta tendencia.

El capital neto es un indicativo del nivel de riqueza de una persona y una forma practica de medirlo es , en tiempo . Recordemos lo que recomienda Robert Kiyosaki en su libro Padre Rico Padre Pobre, **riqueza es el tiempo que usted puede vivir sin trabajar con el dinero que tiene actualmente ahorrado y manteniendo su nivel de gastos actual** .

Si usted quiere tener riqueza, tiene que ocuparse en hacer crecer su capital neto a medida que pasen los años. Si cada año que pasa su capital neto se incrementa su situación económica también estará mejorando.

Si la mayoría de las personas entendieran este concepto y evaluaran su capital neto, gastarían menos en cosas superfluas y ahorrarían mas e invertirían mas, siendo ellos y sus familias cada vez mas prósperos y con la oportunidad de vivir mejores vidas.

Medir el capital neto , cada seis meses o con la frecuencia que usted decida es extremadamente importante ya que este valor le ira indicando si usted esta mejorando o empeorando en cuanto a su nivel de riqueza.

A continuación veremos un esquema sencillo para evaluar su activo , pasivo y capital neto , este análisis lo puede realizar en una misma hoja o lo puede hacer en hojas separadas.

Coloque en la columna del activo todas aquellas pertenencias suyas , que si las vendiera obtendría dinero, también aquellas cuentas que tiene por cobrarle a otras personas, o el dinero que tiene en cuentas bancarias o en su caja fuerte.

Coloque en la columna de los activos , aunque no los tenga , acciones, locales comerciales o propiedades para alquilar, o cualquier otro activo que usted quisiera tener pero todavía no tiene. A estos activos colóqueles monto cero. Porque escribir estos activos si no los tiene?.La razón de escribirlos es que usted se de cuenta de la importancia que tiene para su desarrollo económico el adquirir activos y al estar en monto cero lo hace estar en cuenta de que aun no lo ha logrado. Mas que un recordatorio , es un medio de presión para que usted los mantenga entre sus objetivos financieros , ya que ellos son los que contribuirán a que construya riqueza o que logre su independencia financiera en el futuro.

En la columna del pasivo anote todos los compromisos que tiene pendientes con terceros , trate de no olvidar ninguno , ya que esto le permitirá saber cuánto realmente debe. Saber el monto total de las deudas le da la suficiente presión para no tomar nuevas deudas.

Si usted tiene como objetivo generar mas riqueza o tener una mejor vida en el futuro, no tome deudas nuevas , hasta que no tenga el dinero para pagarlas.

Calcule el capital neto en dos monedas diferentes

Al restar el activo del pasivo tendrá su capital neto , que es la medida de su riqueza , es muy importante que el capital neto este representado en al menos dos monedas, la de curso legal en su país y la de un país que tenga una moneda mas estable que el suyo, la razón de esto es , porque en países donde hay una inflación muy elevada , cuando usted observa el valor del capital neto, en la moneda de su país , puede observar que el mismo esta creciendo en el tiempo y usted pensara que esta actuando bien financieramente , pero cuando comparamos en el tiempo el valor del capital neto en su moneda con el valor del capital neto en una moneda fuerte nos damos cuenta que el capital neto en la moneda mas fuerte esta disminuyendo , lo cual quiere decir que uno realmente se esta descapitalizando. (esto ocurre cuando la mayoría de los bienes de su país se adquieren con la moneda mas fuerte).

Veamos a continuación un ejemplo de lo anterior:

ACTIVOS AL 1 ABRIL 2016		PASIVO	
EFECTIVO	17600000	HIPOTECA	15000000
ACCIONES	0	TARJETAS	2024000
BIENES INMUEBLES	50000000	TERCEROS	400000
CARRO	5000000	OTROS	5000000
LOCALES	0		
CUENTAS POR COBRAR	500000		
	73100000		22424000
VALOR DEL DÓLAR	650		
CAPITAL NETO BOLIVARES	**50676000**		
CAPITAL NETO DOLARES	77963		

Si en el ejemplo del cuadro anterior que representa los estados financieros, de una persona para abril del 2001, y suponemos que durante un año no hubo inflación y mantuvo iguales sus activos y pasivos , y evaluamos el capital neto en el año 2002 en la moneda del país veremos que su capital neto será el mismo que en el 2001 y usted puede decir bueno no esta mal mantuvo su capital neto , no gano nada , pero tampoco perdió.

Pero imaginemos que el dólar cambio su tasa de cambio y ahora la tasa de cambio es de 1200 Bolívares por dólar, entonces su capital neto en este momento será   42230 dólares es decir su capital neto se ha reducido en un año en 35733 dólares, es decir que si usted no toma correctivos , su situación financiera , se puede ver afectada en el futuro.

En el ejemplo podemos ver que se colocó en la columna de los activos: acciones y locales para arrendar con un monto cero , como se indicó anteriormente esto se debe hacer intencionalmente , para recordarle que **si quiere tener riqueza tiene que construir activos.**

Definitivamente , si usted quiere llegar a tener dinero , debe actuar según un plan , en el próximo capitulo le enseñaremos como trazarse un plan financiero.

TERCER PASO

Haga un plan financiero

Ahora que ya conoce las herramientas financieras , volvamos a revisar uno de los pasos mas importantes para su futuro financiero , defina qué objetivos financieros quiere lograr.

Mas nadie que usted sabe , qué es lo que realmente quiere tener , por lo tanto solo usted puede escribir sus objetivos financieros . Después de escribirlos si usted de verdad quiere alcanzar estos objetivos , debe realizar un plan detallado y debe estar dispuesto a tomar una serie de decisiones y hacer una serie de sacrificios.

Hágase las siguientes preguntas para que lo orienten en el proceso de hacer su plan:

¿Cómo quiere vivir su vida en el futuro, seguro ,confortable o como rico?

Tiene deudas que no le permiten ahorrar o en algunos casos que no puede ni siquiera pagar?

Defina para cuando quiere estar sin deudas y siga un plan para reducirlas.

¿Quiere tener riqueza? ¿Por cuánto tiempo?

¿ cuánto esta dispuesto a ahorrar mensualmente para lograrlo?

¿Qué sacrificios tiene que hacer y por cuánto tiempo?

¿Vale la pena pagar el precio para obtener ese resultado?

¿En cuánto tiene que aumentar su ingreso actual para alcanzar el objetivo?

Quiere tener un ingreso pasivo?

¿Cuánto tiene que ahorrar y por cuánto tiempo para lograrlo?

¿En qué moneda sólida debe ahorrar?

¿En qué productos financieros debo invertir para no perder el valor del dinero?

¿Vale la pena pagar el precio por el resultados?

Quiere tener un negocio propio?

Es muy importante que usted defina qué es lo que quiere lograr financieramente. Sea realista . Apunte a las estrellas , pero recuerde que las cosas se dan paso a paso.

Para trazarse un plan debe conocer primero que nada su situación financiera actual y comenzar a cambiarla. En su situación actual tenemos varias posibilidades . A usted le sobra dinero todos los meses , a usted no le queda nada en el mes o a usted le falta dinero en el mes. ¿En que situación se encuentra usted? Veamos cada situación:

Que hacer si a usted la sobra dinero todos los meses

Aunque usted esta en una posición privilegiada , no se sienta confiado recuerde que hay épocas de vacas gordas y épocas de vacas flacas , lo mas importante es que usted se prepare para la época de vacas flacas , aunque nunca lleguen. No busque en qué gastar ese dinero que le esta sobrando , piense en qué lo puede invertir para que cada día tenga mas y el dinero no sea una preocupación para usted. Si invierte el dinero por suficiente tiempo , puede llegar a lograr la libertad financiera y dedicarse a hacer lo que mas le gusta.

Cuando vaya a hacer su plan hágase algunas de las siguientes preguntas:

¿Quiere vivir sintiéndose seguro?

¿Qué cosas lo hacen sentirse seguro? ¿Cuánto dinero necesita para sentirse seguro?

¿Quiere poseer activos que le generen ingreso pasivo (alquileres, dividendos ,etc) ?

¿Cuánta riqueza quiere tener para sentirse tranquilo?

¿Cuánto dinero necesita para su vejez?

¿Cuánto dinero necesita para mantener su nivel de vida actual durante toda su vida?

Si actualmente siente que esta viviendo bien y piensa que le gustaría mantener este nivel de vida hasta su vejez, calcule cuánto le cuesta hoy y evalué si en el futuro, cuando se retire, cómo va a generar el dinero suficiente para mantener el nivel de vida actual.

Calcule cuánto puede ahorrar para lograr sus objetivos y cuánto tiempo le tomara .   Evalué si suprimiendo algunos gastos puede lograrlo mas rápido.

Si tiene deudas con tarjetas de crédito u otras que le cobran intereses , usted esta llevando un peso que hace mas lento el logro de sus objetivos financieros , comience por eliminar una a una estas deudas . El dinero que paga en capital e intereses puede ser ahorrado una vez canceladas estas deudas. Evite tomar nuevas deudas innecesarias , acostúmbrese a pagar de contado.

Para eliminar las deudas , no pretenda que todas las va a eliminar de un solo pago (a menos que tenga el dinero disponible para hacerlo y aun así evalué si económicamente esta es la mejor opción) . Haga un plan por escrito ,comience con la deuda mas pequeña , páguele la cuota mínima mas el 10% de sus ingresos, a las demás deudas solo páguele el monto mínimo. Una vez que termine esta deuda tome la siguiente deuda y páguele el monto mínimo mas el monto total que le pagaba a la deuda anterior. Siga con este proceso hasta que elimine todas las deudas.

Siguiendo este procedimiento y no tomando deudas nuevas usted puede quedar libre de todas sus deudas incluyendo la hipoteca de su casa en unos cinco años , por supuesto el tiempo dependerá del nivel de deudas que usted tenga.

Calcule cuanto tiempo le llevara eliminar las deudas para que sepa mas o menos cuando va a terminar de pagar las deudas y que no le cause ansiedad .

Una vez que usted termine con sus deudas , tendrá mas dinero para ahorrar e invertir hasta que logre su libertad financiera. Elija en qué va a invertir y por cuanto tiempo para alcanzar su objetivo financiero.

Para invertir debe evaluar en el mercado los diferentes productos que existen , revise cuales de ellos son mas seguros y tienen mas rendimiento. Primero que nada debe definir en que quiere invertir el dinero que tiene y si tiene diferentes alternativas usted debe elegir cual es la que mas le gusta o le da mas confianza.

Normalmente las casas de inversión hacen un perfil del inversor para ofrecerle sus productos , de todas maneras tome en cuenta lo siguiente. Si usted esta comenzando a invertir y no tiene mucho capital no tome grandes riesgos invierta en los productos mas seguros , hasta cuando tenga mas capital y pueda arriesgar un poco para tener mayores negocios.

En su plan determine cuánto dinero invertirá , por cuanto tiempo lo hará y que hará con los intereses que le genere esta inversión.

Un plan financiero muy sencillo y efectivo , que recomiendan muchos inversores consiste en que usted ahorre el diez por ciento de sus ingresos mensualmente y que los intereses que le generen estos ahorros los reinvierta y no los utilice para gasto. Si usted mantiene este plan durante un tiempo suficiente , usted logrará tener un buen capital de inversión y en consecuencia tendrá dinero trabajando para usted.   Si usted ahorra el diez por ciento , al comienzo pensará que es muy poco , al igual que los intereses que eso le genera , pero con el tiempo usted vera que dispone de un monto de reserva que le da una relativa tranquilidad.

Recuerde que al trazarse un plan , este debe ser realista, debe tener una fecha estimada para alcanzarse , debe poder medirse para evaluar como va y debe estar atento a los nuevos productos que aparezcan en el mercado para buscar el que mejor beneficio le proporcione.

Que hacer si a usted no le sobra o le falta dinero todos los meses.

Si usted esta en alguna de estas condiciones es mejor que se vaya preparando a tomar decisiones drásticas.

Si usted no hace algo extra por mejorar sus ingresos , difícilmente podrá tener mas dinero y estará corriendo un riesgo muy alto para enfrentar su futuro y el de su familia. Por qué? Porque a usted no le queda nada de dinero para mejorar.

Qué hay que hacer?

Primero que nada revise sus estados financieros , utilizando las herramientas que se le enseñaron mas arriba , (Para este momento ya los debe tener hechos , si no haga un alto y prepárelos). Revise como están sus deudas , si el pago de las mismas le toman una parte de sus ingresos , su primer objetivo debe ser reducir estas deudas. Para hacerlo va a tener que hacer algunos sacrificios por el tiempo que duren estas deudas. Veamos qué debe hacer.

Revise de sus egresos cuales de ellos puede eliminar o disminuir y el monto de esto aplíquelo a reducir sus deudas. (recuerde que mientras haga esto no debe tomar nuevas deudas, si lo hace no va a mejorar su situación). Utilice su creatividad para disminuir sus gastos , vaya a mas parques públicos como diversión , no visite restaurantes , lleve su comida al trabajo , si la ropa no se ha deteriorado , siga usándola, elimine suscripciones , evalué de qué servicios puede prescindir. Recuerde que esto lo hace para tener un mejor futuro , piense en el resultado final (eliminar deudas y mejorar las finanzas).

Consiga una forma de generar ingresos extras , revise sus habilidades y consiga un trabajo extra , aprenda un nuevo oficio , trabaje los fines de semana . Recuerde que nadie va a pagar sus deudas , solo lo hará usted y su esfuerzo.

Otra opción es buscar un mejor trabajo con mayores ingresos , para lograr esto debe ponerse a circular entre conocidos y desconocidos vendiendo sus habilidades.

La clave del éxito para reducir estas deudas esta en que usted mantenga los sacrificios durante el tiempo necesario , cuando quiera flaquear recuerde el beneficio que le generara no tener deudas o las limitaciones que tendrá por no eliminar estas deudas y por favor por ninguna razón tome nuevas deudas.

Cuando reduzca sus deudas tendrá mas dinero , pero probablemente no sea mucho , no importa , este dinero con el que pagaba deudas utilícelo ahora en ahorro e inversión , esta va a ser la única manera en que mejorara su condición financiera futura.

Así sea poco lo que pueda ahorrar , trate de hacerlo en una moneda estable para que su dinero no vaya a sufrir los efectos de una gran devaluación , persista en el ahorro durante el tiempo suficiente y después busque en el mercado los diferentes productos de inversión para que pueda alcanzar sus planes.

Piense en las recompensas que va a obtener por ahorrar

Perseguir un plan no siempre es fácil , de hecho muchas personas nunca hacen un plan , y otras que lo han hecho en algún momento de su vida no tienen la disciplina de seguirlo y entonces piensan que ellos no pueden hacer planes porque no son capaces de seguirlos.

Una forma de disciplinarse para realizar cualquier plan que usted se halla propuesto , es estar consciente a diario de las recompensas que usted tendrá cuando complete su plan. Escriba en un papel cuales son los beneficios que usted logrará de seguir el plan , póngalo en un lugar donde pueda leerlo todos los días , de esta manera mantendrá el enfoque necesario para seguir su plan.

CAPITULO CINCO

LA IMPORTANCIA DEL AHORRO

Como han podido observar a lo largo del libro , en muchos partes del mismo se le recomienda ahorrar, la razón de esto es que si usted no es capaz de ahorrar , difícilmente saldrá del nivel de vida en que se encuentra actualmente y mucho menos podrá dar los pasos para alcanzar la libertad financiera.

El ahorro es importante ya que cuando se tiene se pueden hacer planes para invertir , el ahorro que se invierte genera una fuente adicional de ingresos para la persona que lo hace y esto contribuye a que mejore su situación financiera.

Si no ahorra difícilmente tendrá dinero para invertir y por lo tanto será difícil que usted llegue a tener independencia financiera. Usted siempre dependerá de alguien mas en cuanto al dinero que pueda tener para gastar.

Si ahorra no tendrá que quejarse de que el dinero no le alcanza , es mas usted tendrá dinero que podrá invertir , con lo cual estará creando una nueva fuente de ingresos adicional a la que ya tiene.

No gaste en cosas superfluas , no aparente un nivel de vida que no pueda pagar , ahorre y eventualmente usted vivirá ese nivel de vida , pero será por que ya tiene el dinero para hacerlo. **Es mejor ser adinerado que parecerlo**.

Trabaje duro , controle sus gastos superfluos , ahorre e invierta durante un tiempo suficiente y usted no se preocupará por dinero y probablemente logrará la independencia financiera o por lo menos la tranquilidad financiera.

Nadie quiebra por ahorrar

Nadie quiebra por ahorrar , pero si por endeudarse sin control , tome el control de su economía.

Si usted no puede ahorrar porque sus ingresos no son suficientes , elimine esa excusa , busque la manera de mejorar sus ingresos , actué , sacrifíquese hasta que pueda generar dinero para ahorrar e invertir. Si no lo hace ya usted sabe cual será el resultado.

Posponer algunos gastos superfluos lo van a ayudar a ahorrar , este es uno de los secretos de las personas que han logrado la libertad financiera, posponga la gratificación hasta que su dinero trabaje por usted y con los intereses pueda darse esa gratificación sin perder su capital.

Recuerde lo que recomiendan los expertos; dicen que ahorrando el 10% de los ingresos se puede construir una situación financiera sólida , en aproximadamente quince años y si este ahorro se hace desde una edad temprana los resultados son mucho mejores. Por experiencia personal les puedo decir que si uno ahorra con perseverancia , cada tres años tiene un buen capital para invertir, con lo cual genera ingresos adicionales que facilitan el camino hacia la libertad financiera.

Ahorre el 10% de sus ingresos y viva con el resto hasta donde le alcance. Elimine aquellas cosas que no son relevantes en este momento o que usted las haga para aparentar a sus amigos , a la sociedad o a su ego.

Si usted ahorra durante suficiente tiempo , estará creando una fuente adicional de ingresos en función de los intereses que le generará ese ahorro o de los dividendos que pueda obtener por invertir esos ahorros.

Este es el secreto del dinero trabajando por usted , si usted gana intereses o dividendos por dinero invertido sin tener que estar haciendo ningún esfuerzo , entonces cada año que pasa , si usted no se gasta los ahorros , ni los intereses , usted se estará aumentando su sueldo y llegara un momento en que podrá vivir con los intereses que le genera su dinero o podrá comprar aquellas cosas que siempre quiso.

Por supuesto usted , debe evaluar siempre como son sus ingresos para que no gaste mas del 90% de lo que gane, no se olvide que siempre debe ahorrar el 10% de sus ingresos para que su situación económica nunca desmejore. **¡Ahorre por el resto de su vida el 10% de los ingresos!**

Algo que debe tener muy en cuenta cuando ahorre , es que lo debe hacer en una moneda que sea sólida , es decir una moneda que no pierda tanto valor en el tiempo. Por ejemplo la mayoría de las monedas de países latinoamericanos pierden su valor , ya que la inflación de esos países es muy elevada y los gobiernos no son capaces de mantener el valor de la misma, (principalmente porque las personas que dirigen esos países no siguen principios de ahorro e inversión sino solo de gasto) y los bancos en estos países le pagan unos intereses que no cubren ni siquiera el índice de inflación. Por lo tanto cuando ahorre , hágalo en un banco o en una casa de inversión que al menos le pague en intereses el índice de inflación.

Cuando de ahorrar se trata , debe tener disciplina y paciencia , disciplina para repetir el ahorro mes a mes y paciencia para esperar acumular una cantidad importante que le permita invertir.

Si usted de verdad quiere lograr la independencia financiera o quiere tener una mejor situación económica o aumentarse el sueldo todos los meses , téngalo presente siempre , para que cuando vea algo de dinero ahorrado no salga a comprar un carro nuevo o a irse de vacaciones o a gastarlo en cualquier cosa y termine con su sueño.

Controle los gastos

Otro paso muy importante después de ahorrar , es mantener un control adecuado de los gastos que no son necesarios . La mayoría de las personas estamos acostumbrados a gastar todo el dinero que nos sobra , otros inclusive gastan hasta lo que no tienen.

 El problema con esta forma de actuar radica , en que de esta manera nunca vamos a tener la oportunidad de lograr dinero suficiente para invertir y si no invertimos difícilmente nuestros ingresos aumentaran , teniendo que vivir siempre en el mismo nivel de vida .

Lo mas grave es que si no logra aumentar los ingresos por medio del ahorro y la inversión y vive en un país donde la inflación es alta, cada año estará viviendo un nivel de vida inferior al anterior. Y han pensado qué pasaría si se queda sin empleo o si la situación económica de su país se hace mas difícil.

Controle sus gastos ,elimine aquellos gastos que no son necesarios y ahorre ese dinero , con el tiempo usted estará construyendo un ingreso adicional y se estará preparando para una mejor vida.

Controlar y reducir los gastos requerirá de sacrificio de su parte , por lo tanto es muy importante que usted tenga presente su objetivo, piense en todo momento en lo que quiere lograr esto lo ayudará a tener éxito.

Cuando usted tenga suficiente dinero trabajando para usted , entonces tendrá la oportunidad de darse algunos de esos gastos , que sacrificó antes , utilizando los intereses que le dan sus inversiones , pues ahora no tendrá el riesgo de comprometer su futuro.

Invierta

El dinero ahorrado se debe invertir, de esta manera usted estará ganándose un aumento de sueldo todos los meses , por no decir todos los días. Si usted no toca este dinero por un tiempo suficiente tendrá un mejor futuro. ¿Cómo cree usted que será? Le aseguro que cada día su situación financiera mejorara , recuerde que nadie quiebra por ahorrar.

Por supuesto que sus inversiones tienen que ser bien estudiadas, no puede invertir sin tener una adecuada información sobre las inversiones que quiera hacer.

Escuche a personas expertas y reconocidas por ser buenos inversores , difícilmente una persona que nunca ha invertido puede decirle , cuál es la mejor inversión. Contacte a personas que ya hayan logrado el éxito financiero y pídales su consejo , esté constantemente averiguando en periódicos y revistas sobre temas de inversión, compare los porcentajes de ganancia entre diferentes inversiones.

Capacítese en temas de inversión , para que pueda evaluar muy bien las diferentes alternativas , si usted no tiene tiempo para capacitarse , contrate un asesor que lo ayude, pero siempre evalúe sus inversiones utilizando las herramientas que ha aprendido en este libro.

Para poder empezar a invertir tiene que tener una determinada cantidad. Averigüe en su país , de las diferentes formas de invertir que existen. Visite los bancos de inversión , visite las casas de bolsa , evalué algún tipo de negocio en un ramo que usted conozca.

Pregunte qué monto mínimo se necesita para poder invertir , este será su primer objetivo financiero, reunir esta cantidad mínima y después invertirla. A partir de este momento usted se aumentó el sueldo.

Invertir es poner a trabajar el dinero para usted , hágalo y cada día vivirá mejor.

¿Gastador o inversor?

Usted puede elegir entre ser un gastador o ser un inversor , la única diferencia que va a tener son los resultados futuros. Veamos cómo es esto: Si usted es un gastador todo su ingreso mensual es gastado por lo tanto después de un año su cuenta bancaria no tiene nada de dinero e igualmente pasará en los años futuros, usted no tendrá la ventaja de poner a trabajar el dinero para usted, que pasara cuando ya no pueda generar ingresos o estos disminuyan. Probablemente tendrá que vivir en el nivel de vida que las circunstancias le permitan.

Por el contrario el inversor aparta un porcentaje de su ingreso mensual y lo invierte , aunque el interés que le genere esta inversión sea muy pequeño al pasar un año esta persona tendrá una cierta cantidad de dinero trabajando para el y esta cantidad aumenta con los años , que pasará en el futuro de esta persona , que si ha ahorrado durante suficientes años , probablemente el dinero que tiene trabajando le permitirá hacer los gastos y vivir en el nivel de vida que el desea.

Ya usted esta en el camino hacia la libertad financiera , ya sabe en qué nivel de vida le gustaría vivir , tiene un plan escrito para lograrlo , está utilizando las herramientas financieras para tener un control adecuado de su dinero, ha logrado reducir aquellos gastos que no son necesarios y ha pospuesto algunos para el futuro.

Si se mantiene con disciplina en este camino , usted va a lograr llegar a su objetivo , este no es un camino fácil ,pero si persiste durante el tiempo necesario , lo lograra.

CAPITULO SEIS

Otros Aspectos que debe tener presente para mejorar sus finanzas personales

La rueda del dinero

Hay una serie de aspectos que usted debe evaluar para tener una idea clara de cómo podrá ser su desempeño económico. Es importante que usted tenga bajo control estos aspectos para que las circunstancias de la vida no le afecten su economía.

Los aspectos que le voy a mencionar se dispusieron en una rueda para ejemplificar que si usted maneja todos estos aspectos bien su rueda estará perfecta y su desplazamiento hacia la tranquilidad financiera o a la libertad financiera será mas rápido.

Si en uno o varios de los aspectos usted esta fallando un poco la rueda no va a ser totalmente redonda , entonces su desplazamiento será mas lento o tendrá sobresaltos en el camino a la libertad financiera.

A continuación se listan los diferentes aspectos que se deben mantener en un buen nivel para poder construir una situación financiera sólida.

1 CARRERA
2 RESERVAS
3 DEUDA
4 AHORRO
5 PLAN FINANCIERO
6 MANEJO RIESGO
7 PROTECCION
8 IMPUESTOS

9 CAPITAL NETO
0 PRESUPUESTO

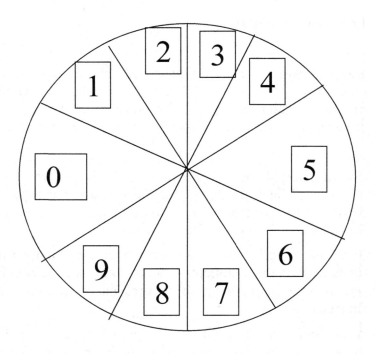

Fig 1   La rueda del dinero. Representa cada uno de los aspectos
que se deben manejar para tener una situación financiera sólida.

Carrera: Es importante tener alguna profesión o habilidad con la
cual uno pueda realizar un trabajo y generar un ingreso. Cuando
hablamos de tener una carrera se trata de saber algún oficio por el
cual usted pueda obtener dinero al realizar , no tiene que haber

estudiado en una universidad , muchas personas han logrado acumular fortunas sin haber ido a la escuela.

Si en su carrera actual, usted no está generando suficiente ingreso es mejor que evalúe qué otra cosa puede hacer que lo ayude a mejorar su ingreso.

Reservas: De todo el dinero que usted genere, debe acumular una parte como reserva para gastos imprevistos. Los gastos imprevistos han demostrado ser, los que acaban con las ilusiones de cualquier persona, ya que si uno no se prepara pueden destruirle el presupuesto y ponerlo en una situación difícil. Yo particularmente recomiendo mantener ahorrados a la vista en productos bancarios que estén disponibles, al menos el equivalente a seis meses de ingreso mensual, esto da una relativa tranquilidad en el aspecto económico ante una situación imprevista.

Deuda: Debe procurar no endeudarse , su deuda debe ser cero , si tiene alguna deuda haga un plan para cancelarla y las únicas deudas que se deben tomar deben ser para invertir y no para gastos normales.

Cuando uno tiene deudas pendientes , la capacidad de ahorro disminuye y parte de lo que uno trabaja , lo esta haciendo para pagarle los intereses a otra persona que si esta invirtiendo.

Ahorro: Se debe ahorrar al menos el 10% del ingreso mensual y no tocar este dinero , ni los intereses que estos generen , salvo que sean para inversiones o cuando ya tenga varios años ahorrando y que los intereses que se generen le permitan gastar un poco y aun así su dinero sigue creciendo.

Plan financiero: Debe elaborar un plan financiero , donde usted defina su objetivo financiero en cuanto a: Cuánto capital neto quiere tener, en cuánto tiempo, cómo va a disminuir su deuda , en cuánto tiempo , en cuánto debe aumentar su ingreso , cuántas propiedades para alquilar quiere tener, para cuándo y todo aquello que usted quiera lograr en el aspecto financiero. El plan debe ser alcanzable y especifico y debe tener una fecha para ser logrado.

Manejo del riesgo: Cuando vaya a invertir debe evaluar el riesgo que tiene esa inversión y evaluar si usted puede correr ese riesgo. En este momento una de las preguntas que debe hacerse es qué pasaría si pierdo lo que invierto. Si usted no es capaz de soportar esta perdida , entonces tome un riesgo menor,. pero si quiere tener mucho dinero , no olvide que debe tomar algunos riesgos , pero nunca comprometa todo su capital.

Protección: Manténgase protegido contra gastos mayores que impliquen salidas fuertes de dinero. Tenga seguros médicos para usted y su familia y un seguro de vida para usted para que su familia quede protegida , asegure su vehículo y sus pertenencias mas valiosas que puedan ser objeto de daño o hurto.

Impuestos: Respete la políticas de impuestos de su país , cumpla con sus obligaciones.

Capital neto: Conozca cuanto tiene de capital neto , evalúe si con el paso del tiempo el mismo esta creciendo o disminuyendo. Este valor le indicara en una buena medida como es su desempeño económico.

Presupuesto: elabore su presupuesto y manténgase ajustado a el , coloque en el presupuesto un rubro para ahorro y verá como su cuenta bancaria crece todos los años.

Si en cada uno de estos aspectos usted esta cumpliendo en un 100% con cada uno de ellos , su rueda será perfecta y usted se estará desplazando sin mayores obstáculos hacia su libertad financiera., como un carro con sus ruedas llenas de aire , no tendrá sobresaltos, ni se quedara botado en el camino, usted se dirigirá cómodamente hacia su destino.

Si por el contrario usted falla en alguno o varios de estos aspectos , su camino no va a ser tan cómodo ,va a tener que enfrentar algunos obstáculos y probablemente se va a tardar un poco en llegar a su destino.

Pero recuerde, si en algunos aspectos de la rueda del dinero no se siente que esta totalmente bien , no se preocupe lo importante no es como están ahora , lo importante es que usted actúe y trate de arreglar esos aspectos y de lograr un balance entre todos ellos.

CAPITULO SIETE

ESTE PREPARADO PARA FRACASAR

Cuando uno esta trabajando con objetivos no todas las veces las cosas salen bien , de hecho muchas veces lo que uno planea no se llega a dar como uno lo planeo . Se puede dar el caso de que usted tiene un plan de ahorrar una cantidad determinada para realizar una inversión y de repente aparecen gastos imprevistos que le destruyen su plan. Déjeme decirle que esto va a ocurrir muchas veces , pero si usted persiste lo suficiente en su empeño , lo va a lograr.

Lo malo no es caerse en el intento , lo malo es no pararse e intentarlo de nuevo , los fracasos deben ser tomados como aprendizaje , se debe evaluar esta experiencia y prepararse para hacerlo mejor la próxima vez.

Uno de los aprendizajes que tiene que tener de los imprevistos es que hay que crear un fondo para cuando se presenten. Usted puede como primer objetivo financiero crear un fondo de tres meses para imprevistos. Si ocurre algo puede usar este fondo y salir de la situación y si no lo tiene que usar, simplemente tendrá mas dinero que le genere intereses.

Las personas que se paralizan cuando les ocurre un revés , se están quitando ellas mismas la oportunidad de lograr su objetivo. Porque se desaniman, entonces creen que no son capaces de lograrlo o peor aun creen que ellos no se lo merecen

Por lo tanto , a pesar de que en su camino hacia la libertad financiera se va a encontrar con muchas dificultades , no se desanime, ahorre con disciplina , persista en su empeño y espere un tiempo adecuado vendrán cosas mejores , usted alcanzara su objetivo.

ENTRE EN ACCION

Muchas personas que quieren lograr algo en la vida se quedan solo en los deseos, dicen que quieren lograr esto, o hacer aquello, pero a medida que pasa el tiempo no hacen nada. Por ejemplo Pedro dice " Voy a montar un negocio de mantenimiento" , pero cuando miramos que hace Pedro para montar el negocio, nos damos cuenta que día a día hace cualquier cosa totalmente diferente a averiguar como va a montar su negocio, y ni siquiera esta ahorrando para tener el capital. Ustedes creen que si día a día Pedro no da aunque sea un pequeño paso para construir su negocio lo va a lograr?. ¡ Pues claro que no ¡ Pasara la vida y no lo lograra.

Recuerden que el tiempo va pasando muy rápido , usted tiene una elección puede empezar ahora , puede empezar mas tarde o puede no empezar nunca , por experiencia se que cuando se trata de dinero , si usted empieza lo mas pronto en su vida a dar los pasos que se mencionan en el libro , sus resultados serán mucho mejores que si deja para empezar en los últimos años de su vida.

Tome la decisión de empezar ahora y prepárese para llevar una vida futura mejor.

Mucha gente quiere esperar un mejor momento para empezar , pero llegan a su vejez y se dan cuenta que nunca llegó ese mejor momento , porque no entendieron que el mejor momento lo tiene que construir uno mismo y la forma de hacerlo es actuando desde ya.

A lo largo de la historia , todos los países del mundo han tenido épocas malas y buenas y en todas esas épocas hay personas que lo han hecho bien y personas que lo han hecho mal, normalmente las personas que lo hacen bien en el aspecto económico , utilizan las recomendaciones que se dan en este libro .

La causa principal por la cual muchas personas no logran lo que quieren es porque siempre dicen: Mañana empiezo, y lo repiten y lo repiten hasta que ya no hay mas mañana.

No actuar , es dejar que las circunstancias definan como va a ser su vida futura , pero por supuesto esta es su elección.

RESUMEN

Si ha llegado hasta este punto y ha comenzado a utilizar las herramientas que se han presentado en el libro es porque usted esta realmente interesado en mejorar su vida y lograr la libertad financiera , usted quiere hacer todo lo que haya que hacer por lograrlo. Lo felicito ya dio el primer paso , a partir de ahora lo único que necesitará es actuar con mucha fe , perseverancia y disciplina hasta que logre el objetivo, por supuesto que también debe disfrutar el camino recuerde que el objetivo no se va a lograr de hoy para mañana si vale la pena seguro que tomara algún tiempo. DISFRÚTELO!

Vamos a resumir los pasos que hay que seguir para que usted logre un mejor nivel de vida y tome la senda hacia la libertad financiera.

Defina como quiere vivir

Primero que nada defina que nivel de vida quiere usted vivir , este simple pero importante punto le va a determinar cuales son los pasos que debe dar y en que dirección. Recuerde esto debe hacerlo por escrito y debe ser revisado constantemente para verificar su avance y para hacer cambios cuando la situación lo amerite.

Haga tres planes uno para vivir seguro, uno para vivir confortable y uno para vivir como rico. Al iniciar con el plan para vivir seguro ya estará trabajando en su plan para ser rico o sea que ya estará trabajando por lograr su libertad financiera y por lograr una mejor vida.

Cuando haga sus planes exponga sus sueños , qué cosas lo hacen sentirse seguro a usted , a lo mejor usted para sentirse seguro quiere tener un año de riqueza en el banco, o tal vez usted quiera comprar un local que le genere un ingreso fijo mensual , todo va a depender de sus deseos.

No espere a tener mucho para empezar , el secreto esta en que usted empiece así sea con algo pequeño. Por ejemplo si quiere construir un año de riqueza ahorre un 10% de sus ingresos y viva con el 90% restante , a medida que pase el tiempo usted lograra su objetivo.

Una vez que haya logrado su objetivo de una vida con seguridad económica , pase a su segundo objetivo vivir confortable y cuando logre este pase a su objetivo de vivir como rico.

Es importante que mientras trabaja hacia el logro de sus objetivos , usted disfrute el camino, recuerde que esto no va a ocurrir de hoy para mañana , el logro de estos objetivos requiere tiempo , por lo tanto sea feliz con lo que tiene cada día y sabiendo que está construyendo un mejor futuro, recuerde lo que alguien dijo. **"La felicidad no radica en tener lo que se quiere sino en querer lo que se tiene"**

Ahorre dinero e invierta

Como es una realidad que para vivir con mejor calidad de vida y para lograr la libertad financiera se debe ahorrar e invertir dinero, este debe ser su segundo paso. Pregúntese entonces , ¿cómo puedo tener más dinero?

Para tener mas dinero que pueda ahorrar e invertir hay dos opciones:

- Optimizar el ingreso actual
- Generar mas ingreso

Cuando hablamos de optimizar el ingreso actual , tenemos que trabajar en dos frentes. Por un lado debemos revisar que gastos superfluos podemos eliminar y por el otro lado debemos reducir las deudas por las cuales tenemos que pagar intereses.

Cuando hablamos de reducir los gastos es importante que usted identifique que gastos de los que tiene actualmente no son necesarios en su vida en este momento , gastos que usted pueda posponer , hasta que tenga mas dinero. Tome este dinero y ahórrelo entonces en vez de tener un gasto tendrá un ingreso adicional con los intereses que le genere este dinero.

 Si persiste durante el suficiente tiempo en esta acción , pronto tendrá las cosas que usted quería tener , pero además tendrá un respaldo en dinero. ¿En cuánto tiempo? Eso depende de usted , solo usted decide en cuanto tiempo quiere lograrlo. Si hace algunos sacrificios pequeños tomara mas tiempo que si hace algunos sacrificios mas importantes. Por ejemplo usted podría dejar de comer fuera de su casa y llevar la comida al trabajo, o podría decidir no ir a vacaciones los próximos dos años e invertir ese dinero en un negocio de reventa.

Para eliminar las deudas empiece con la que mas intereses le cobren , si puede haga aportes al capital, pague cada una de las cuotas y si tiene un excedente de dinero elimine esta deuda, al hacerlo ya su situación financiera mejorara, porque estará teniendo menos gastos por la deuda y por los intereses que la misma estaba generando. Si tiene varias deudas termine de pagar una y a las otras páguele la cuota mínima , cuando termine de pagar la primera tome todo el monto que pagaba a la primera y aplíqueselo a la segunda deuda y así sucesivamente hasta que termine de pagar todas las deudas.

No tome nuevas deudas , mientras este en este proceso , de hecho usted debe acostumbrarse a no tomar deudas para cubrir gastos personales , las únicas deudas que se deben tomar son para inversión , siempre y cuando usted haya revisado que puede soportar estos compromisos.

La mejor forma para optimizar los ingresos actuales , es que usted utilice las herramientas que se presentaron en este libro , ellas le permitirán controlar y evaluar como esta siendo su desempeño y le permitirá tomar acciones correctivas. Usted debe saber cuánto dinero después de gastos tiene , cuál es su capital neto , debe saber cuánto dinero ingresa a su hogar y cómo lo gasta y debe tener un plan para aumentar sus activos.

Si por mas que usted lo intenta , no puede optimizar mas el ingreso , usted tiene que generar mas ingreso. Esto es una realidad , mucha gente dice que no le alcanza el dinero para vivir , pero no hacen nada para mejorar esta situación , siempre hay alguien para echarle la culpa: La familia, los padres ,el gobierno ,etc.

Quiero decirle que si usted sigue haciendo lo que ha estado haciendo hasta ahora , va a obtener los mismos resultados. Es hora de hacer algo diferente. ¿Qué puede usted hacer?

Puede conseguir un trabajo extra , esta es una opción si tiene suficiente tiempo para hacerlo, puede trabajar después que sale de su trabajo actual o puede trabajar los fines de semana. Lo mas importante que debe recordar es que este ingreso extra no lo debe usar para gasto común , este dinero debe ser utilizado para ahorrar e invertir. Solo de esta forma va a poder tener un futuro mejor , si usted decide gastar el dinero extra en gasto común , simplemente usted estará dejando de trabajar para vivir y estará viviendo para trabajar, pero recuerde que fue usted el que tomo esta decisión, no culpe a nadie mas.

Usted puede también conseguir un empleo mejor remunerado, para esto usted debe revisar muy bien sus habilidades y evaluar el mercado, utilice todos los medios para conseguir este nuevo empleo , coméntele a sus amigos que usted esta buscando una nueva opción, inscríbase en las paginas de empleo. Otra opción es que usted se capacite en nuevas habilidades , ya que esto le abrirá nuevas oportunidades en su actual trabajo o en otro.

Para aumentar sus ingresos también puede crear un negocio propio , para esto es necesario que se concentre en aquellas áreas que usted conoce mas , evalué sus habilidades y vea si puede crear un negocio basado en esas habilidades.

El crear un negocio propio puede ser algo difícil para alguien que no lo ha hecho anteriormente, de hecho hay estadísticas que dicen que el 80% de los nuevos negocios cierran en los primeros cinco años de vida, la razón de esto es que hay muchas personas que inician negocios , con un total desconocimiento de cómo se debe iniciar un negocio y además tampoco utilizan herramientas financieras como las que se exponen en este libro que les permita llevar un control adecuado del mismo.

La recomendación , si quiere crear su propio negocio , es que antes de iniciar el mismo busque cualquier libro que hable de cómo hacer un Plan de negocio ,lo lea y aprenda cómo debe iniciarse un negocio , este libro le permitirá conocer los diversos factores que tiene que evaluar antes de iniciar un negocio. Si usted hace esto probablemente ahorrara tiempo y dinero y eventualmente creará un negocio exitoso.

Si usted logra generar ese dinero adicional que quiere , recuerde su objetivo , no utilice este dinero extra para tener mas gastos, siga su plan hacia una mejor vida futura , siga el camino hacia la libertad financiera.

Lo único que le puedo asegurar es que nadie quiebra por ahorrar , por lo tanto ahorre e invierta y además use las herramientas financieras para que tenga la tranquilidad de conocer su situación económica y pueda ver si va mejorando a medida que pasa el tiempo o pueda tomar las acciones correctivas , si esto no es así.

Si su objetivo es vivir económicamente mejor , siga los consejos que hay en este libro y persiga los objetivos que se plantearon. **¡Usted lo lograra¡**

Vengo a ti Señor Jesus
nesecito mas de ti tomo
mi vida renuevame Señor
nesecito mos deti solo mira
mi corazon Perdoname
de mis Pecados señor
nesesyto mas de ti

($250)

1901 S ocean, Blvd Myrtle
Beach, 29577) united
States oF America

suer
Siergio melchor

esteban@yoo Pacebook

esteban@yahoo.coom

vasquez

Santiago2933 Yahoo.com
esteban

CPSIA information can be obtained
at www.ICGtesting.com
Printed in the USA
FSOW03n1128120816
23717FS

9 781517 342401